Sigrid Falkenstein

Annas Spuren

Sigrid Falkenstein

Annas Spuren

Ein Opfer der NS-»Euthanasie«

Unter Mitarbeit von
Prof. Dr. Dr. Frank Schneider

Mit 26 Abbildungen

Herbig

*Es gibt kein Verständnis von Gegenwart und Zukunft
ohne Erinnerung an die Vergangenheit.*

Alle Abbildungen aus dem Archiv der Autorin, außer:

Abb. 1: ©VG Bild-Kunst, Bonn 2012; Abb. 17: ©Klinik-Museum Bedburg-Hau; Abb. 19: ©Klaus Diegel, 2006; Abb. 20: ©Archiv Gedenkstätte Grafeneck; Abb. 24, 25: ©Deutsche Gesellschaft für Psychiatrie, Psychotherapie und Nervenheilkunde (DGPPN), Berlin 2010

FSC
www.fsc.org
MIX
Papier aus verantwortungsvollen Quellen
FSC® C014496

Besuchen Sie uns im Internet unter:
www.herbig-verlag.de

Umschlaggestaltung: Wolfgang Heinzel
Umschlagbilder: Sigrid Falkenstein
Herstellung und Satz: VerlagsService Dr. Helmut Neuberger & Karl Schaumann GmbH, Heimstetten
Gesetzt aus der 11,75/15,75 Punkt Minion
Drucken und Binden: GGP Media GmbH, Pößneck
Printed in Germany
ISBN 978-3-7766-2693-3

INHALT

1 »Aenne's letzte Reise« – eine Installation der Erinnerung von Ulrike Oeter

VORWORT

Ein abgedunkelter Raum, an der Wand leuchtet das in orangeroten Tönen kolorierte Bild eines jungen Mädchens. Davor schweben scheinbar schwerelos Gegenstände aus hauchfeinem Papier, ein Tässchen, ein hell scheinendes Sommerkleid und ein Paar Schuhe. Das Mädchen heißt Anna. Unbeschwert und fröhlich lacht sie in die Kamera – ein heiteres Bild, wären da nicht die alten Bettgitter, das riesige rote Pluszeichen über Annas Kopf und die bedrohliche Projektion von überdimensionalen Insektenkadavern. Diese »Installation der Erinnerung« von Ulrike Oeter befindet sich seit 2009 in der ehemaligen Heil- und Pflegeanstalt Bedburg-Hau[1], wo Anna von 1936 bis 1940 Patientin war. Erst auf den zweiten Blick offenbart sich die Geschichte hinter der Kunst. Die Gitterteile gehören zu einem alten Bett aus einem der Schlafsäle der damaligen Anstalt Bedburg-Hau. Mit einem roten Plus auf einem Meldebogen wurde Anna 1940 als »unwertes Leben« gekennzeichnet und wie Ungeziefer in der Gaskammer von Grafeneck vernichtet. Die filigranen Alltagsgegenstände aus Papier symbolisieren Grabbeigaben, die Anna auf ihrer letzten Reise begleiteten.

Das Foto der 17-jährigen Anna wurde 1932 im elterlichen Garten gemacht. Die Künstlerin will damit das Leben der jungen Frau vor ihrem Leid darstellen, denn für sie ist »die Würde des Menschen das Gesicht davor«. Sie verwendete speziell dieses Foto für ihre Erinnerungsarbeit, weil Anna dort so unbeschwert lacht. »So fröhlich. So unversehrt. Und das wollte ich als Gegenbild. Das Unversehrte. Um die Stigmatisierung der Nazis zu unterlaufen. Das Versehrte war in den Motten und Insekten.«[2]

An Anna wurde – wie an Hunderttausenden psychisch kranken, geistig und körperlich behinderten Menschen – der »Gnadentod« vollstreckt. Mit dem missbräuchlich verwendeten Begriff »Euthanasie« tarnten die Nationalsozialisten zynisch und beschönigend ihre Verbrechen an denjenigen, die im Sinne der Rassen- und Erbhygiene als »minderwertig« und »lebensunwert« galten. Die mindestens 300 000 Menschen, die diesem geplanten und organisierten Massenmord zum Opfer fielen, waren keine anonyme Masse. Es waren individuelle Menschen, die ausgegrenzt, gedemütigt, an Körper und Seele geschädigt und am Ende vernichtet wurden. Sie alle hatten wie Anna Namen und Gesicht, doch die Erinnerung an sie war jahrzehntelang ausgelöscht. Die Verbrechen wurden vertuscht, verschwiegen und verdrängt – in der Gesellschaft und in vielen betroffenen Familien.

Anna ist meine Tante, die Schwester meines Vaters. Die Suche nach Spuren ihres Lebens begann erst 2003, nachdem ich zufälligerweise auf das »Familiengeheimnis« gestoßen war. Annas traurige Lebensgeschichte ist mir sehr nahegegangen. Empörend fand ich aber auch das familiäre und gesellschaftliche Schweigen darüber. Diese Erfahrungen sind bis heute die Triebfeder für meine Erinnerungsarbeit. Inzwischen ist es mir gelungen, in beinahe detektivischer Recherchearbeit, wesentliche Kapitel ihrer Lebensgeschichte aus dem sehr bruchstückhaften Familiengedächtnis und vor allem aus alten Patientenakten zu rekonstruieren.
Im Verlauf meiner Erinnerungsarbeit begegnete ich dem Psychiater Frank Schneider, der sich eindrucksvoll für die Aufarbeitung der Geschichte seines eigenen Berufsstandes einsetzt. Psychiater waren damals ganz wesentlich an den Verbrechen beteiligt. Er ermunterte mich und half mir dabei, dieses Buch zum Gedenken an Anna zu schreiben. Damit soll auch der Versuch unternommen werden, hinter ihrer individuellen Lebensgeschichte und meiner Spurensuche einen Teil der Geschichte unserer Gesellschaft sichtbar zu machen. Aus der Vergangenheit für die Gegenwart lernen – Annas Geschichte soll dazu einen Beitrag leisten.
Dabei leitet uns beide ein Satz der Bildhauerin und Autorin Dorothea Buck, einer der letzten

Zeitzeuginnen, die selbst als »minderwertig« diskriminiert und zwangssterilisiert wurde: »Was nicht erinnert wird, kann jederzeit wieder geschehen, wenn die äußeren Lebensumstände sich entscheidend verschlechtern.«[3]

BEGINN DER SPURENSUCHE

Zufällige Entdeckung

Liebe Anna, wir sind uns nie begegnet und doch bin ich dir heute sehr nah. Das war nicht immer so. Bis vor wenigen Jahren kannte ich nur deinen Namen und ein Foto von dir. Für mich warst du Anna, die früh verstorbene Schwester meines Vaters – ein völlig fremder Mensch.

Schon seit Kinderzeiten habe ich neben anderen Familienfotos ein Bild von dir und meiner Großmutter vor Augen. Als kleines Mädchen habe ich dieses Foto oft betrachtet, denn es gefiel mir ausnehmend gut. Deine Mutter – ganz Dame im Stil der Jahrhundertwende, mit Perlenohrringen und Perlenkette, ondulierter Hochsteckfrisur, im langen, blassgestreiften Kleid – hat ihre Hand beschützend auf den Rücken ihrer kleinen Tochter gelegt. Du siehst aus wie eine niedliche Puppe, herausgeputzt im Sonntagsstaat, eine riesige Schleife im Haar, im kurzen weißen Kleidchen, dazu schneeweiße Söckchen und Schnürstiefel. Das Foto stammt aus einer fernen, nur auf den ersten Blick heilen Welt.

2 Anna mit ihrer Mutter (1919)

Wie oft habe ich inzwischen forschend in dein Kindergesicht geschaut und vergeblich versucht, deinen Blick zu deuten. Bist du traurig, verwirrt, mürrisch oder schüchtern? Heute weiß ich, dass deine Eltern zu jener Zeit, kurz nach dem Ersten Weltkrieg, erstmals krankhafte Veränderungen an dir bemerkten.

Vielleicht spiegelt das ernste Gesicht deiner Mutter ihre Sorgen und ihren Kummer wider.
Abgesehen von dem Foto an der Wand gab es leider keine Erinnerung an dich in der Familie. Das war so, bis ich im Oktober 2003 zufällig im Internet auf deinen Namen stieß. An jenem Abend war ich auf der Suche nach Daten über deine Mutter, die ebenfalls Anna hieß. Völlig schockiert las ich das Suchergebnis: »La – Le – Names, Lehnkering, Anna, 1915.08.02. (...) List of persons murdered by German medical doctors between 1939 and 1948, A file for each person exists in the German State Archive«.[1] Kein Zweifel – auf dieser Liste von Personen, die von deutschen Ärzten ermordet wurden, stand der gesuchte Name. Doch erst das Geburtsdatum, der 2. August 1915, verriet mir, dass es sich um dich und nicht um meine Großmutter handelte. Auf der Liste stehen etwa 30000 Namen von insgesamt mehr als 70000 »Euthanasie«-Opfern, die in den Jahren 1940/41 der ersten zentral organisierten Massenvernichtungsaktion im Nationalsozialismus, der »Aktion T4«, zum Opfer fielen.[2] Ich erfuhr, dass von den meisten Personen auf dieser Liste eine Akte im deutschen Bundesarchiv existiert. Außerdem wurden die Angehörigen aufgefordert, nach dem Schicksal ihrer ermordeten Verwandten zu forschen, um den vergessenen Opfern ihre Namen und damit ihre Würde zurückzugeben.
Voller Bestürzung las ich also deinen Namen und der Appell an die Angehörigen ließ mich nicht

gleichgültig. Bis dahin war mein Wissen über die »Euthanasie«-Verbrechen sehr oberflächlich gewesen. Noch am selben Abend studierte ich im Internet Seite um Seite über die Krankenmorde – zunächst ungläubig, dann wütend und schließlich traurig. Erschüttert von dem, was ich dort über die Vergangenheit erfuhr, aber auch fassungslos über das komplette Auslöschen aller Erinnerung an dich in unserer Familie, begann ich fortan, Spuren deines Lebens zu suchen. Ich wollte unbedingt wissen, wer du warst, wie du gelebt hast, wo und warum du ermordet wurdest. Dazu kamen Fragen über unsere Familie und die Lebensumstände, die dein und mein Leben geprägt haben. Dabei ging mir der Gedanke nicht aus dem Kopf, dass jemand aus der Familie doch nicht einfach so spurlos verschwinden darf; damit wäre ja das Ziel der Nazis erreicht. Seitdem fühle ich mich verantwortlich dafür, das Wissen über dich in der Familie und möglichst darüber hinaus bekannt zu machen. Wir können nichts ungeschehen machen. Aber wir können an die Verbrechen erinnern, um auf diese Weise Mitgefühl zu zeigen und vor allem um zu lernen.

Bei der mühsamen Rekonstruktion deiner Lebensgeschichte bin ich oft, wie man im Ruhrgebiet sagt, von »Höcksken auf Stöcksken« geraten und nicht selten in Sackgassen. Die Grundlage für alle weiteren Recherchen bildete deine Patientenakte aus dem Berliner Bundesarchiv, die aus einer Sippentafel und dem Krankenblatt aus der damaligen Heil- und Pflegeanstalt Bedburg-Hau aus den Jahren 1936 bis 1940 besteht.[3] Zusätzliche erhellende Hinweise auf deine Kindheit habe ich in einer Patientenakte gefunden, die aus der ehemaligen »Rheinischen Provinzial-Kinderanstalt für seelisch Abnorme« in Bonn stammt, wo du von Oktober 1931 bis Februar 1932 Patientin warst.[4]

Natürlich muss man solche Akten grundsätzlich mit Vorbehalt lesen, denn es sind Quellen, die überwiegend Sprache und Sicht der Täter widerspiegeln und in denen die Betroffenen kaum zu Wort kommen. Vor allem die Akte aus Bedburg-Hau gibt Zeugnis von dem Zeitgeist der nationalsozialistischen Rassenhygiene. Dennoch – ohne diese Akten wäre die Erinnerung an dich für immer vernichtet gewesen. Vieles ist zwischen den Zeilen zu lesen und lässt nur spekulative Rückschlüsse auf deine Persönlichkeit zu. Nicht zuletzt waren es verschiedene Bücher, vor allem die von Ernst Klee und Ludwig Hermeler, sowie Gespräche mit Fachleuten, die mir dabei halfen, deine Lebensgeschichte in einen größeren geschichtlichen Zusammenhang einzuordnen. So gelang es nach und nach, deine Biografie aus vielen kleinen Puzzleteilen zusammenzusetzen. Dabei habe ich nicht nur eine Menge über dich und unsere Familie erfahren, sondern auch über die Geschichte und die Gesellschaft unseres Landes.

DUNKLE VORBOTEN

Annas Großeltern und Eltern

Liebe Anna, hast du jemals die »Schatzkiste« deiner Mutter gesehen? Vermutlich nicht, denn sie wird den Inhalt vor den Augen ihrer Kinder eher versteckt haben. In dieser Kiste befinden sich noch heute mehr als 300 Postkarten mit Liebesgrüßen und Treueschwüren, die sich deine Eltern zwischen 1905 und 1910 manchmal fast täglich geschrieben haben. Ich glaube, dass dir die Karten sehr gut gefallen hätten.

Anfang des letzten Jahrhunderts war das Sammeln solcher Karten sehr beliebt. Heute muten sie mit ihren Herzschmerz-Motiven eher kitschig an. Dein Vater schickte nach und nach komplette Kartenserien mit wunderschönen Frauen, tanzenden Kindern oder romantischen Liebespaaren an deine Mutter. In gestochen schöner Sütterlinschrift steht da zum Beispiel »Mein innig geliebtes Ännchen« oder auch »süßes Ännchen« und immer wieder sendet er ihr tausend Grüße und Küsse, unterschrieben mit »dein treuer, dich liebender Fritz«. Die Karten

3 Heinrich Friedrich (Fritz) Hermann Lehnkering (1886–1921)

4 Anna (Änne) Johanna Helene Sommer (1887–1966)

markieren den Anfang einer großen Liebe, die so tragisch enden sollte.

Ende 1905 begegnen sich der damals 19-jährige Friedrich Lehnkering, der meistens Fritz genannt wird, und die 18-jährige Anna Sommer, deren Rufname Änne ist, zum ersten Mal. Ihre Wege kreuzen sich in Sterkrade, einem von Eisen- und Stahlindustrie sowie Kohlenbergbau geprägten Ort im Ruhrgebiet. Die Entwicklung der Gemeinde ist seit dem 19. Jahrhundert eng mit der Geschichte der Gutehoffnungshütte, ihren Zechen und Fabrikanlagen verbunden.

Deine Eltern treffen sich zu einer Zeit wirtschaftlichen Aufschwungs und unbegrenzten Fortschrittsglaubens. »Immer höher, schneller, weiter« heißt die Devise. Als sie 1910 heiraten, ist aus dem ehemaligen rheinischen Bauerndorf Sterkrade bereits ein »Industriedorf« geworden. 1913 erlebt das junge Paar die festliche Verleihung der Stadtrechte an Sterkrade durch Kaiser Wilhelm II. Die umstrittene Eingemeindung nach Oberhausen im Jahr 1929 wird dein Vater nicht mehr erleben. Aber noch sind die dunklen Wolken am Horizont fern und die beiden Liebenden schauen zuversichtlich und erwartungsvoll in ihre gemeinsame Zukunft.

Beide sind im Ruhrgebiet geboren und aufgewachsen. Deine Mutter, Jahrgang 1887, stammt aus einer von preußischem Militär und Beamtentum geprägten Familie. Sie ist die Tochter des Bahn-Obergütervorstehers Robert Sommer aus Schlesien und seiner Ehefrau Bertha, geborene Kärger, aus Düsseldorf. Ihr Entlassungszeugnis aus der Volksschule in Essen-Karnap von 1902 weist sie als eine sehr gute Schülerin aus. Allerdings wird ihr als Mädchen – im Gegensatz zu ihren Brüdern – eine höhere Schulbildung verwehrt, was sie zeitlebens bedauert. Es kommt erschwerend hinzu, dass ihre Mutter sehr jung stirbt und die damals erst 13-jährige Änne als Älteste einen Teil der Hausfrauenpflichten übernehmen muss. Später wird sie Lehrmädchen im Sterkrader »Kaufhaus

5 Annas Großeltern mütterlicherseits, Robert und Bertha Sommer, mit ihren Kindern, 1901; Annas Mutter (r.)

Hirschland für Manufakturwaren, Kurz-, Weiß- und Wollwaren, sowie Damen-Konfektion«, woher möglicherweise ihr lebenslanger Hang zu gediegener und damenhafter Kleidung rührt.
Dein Vater, Jahrgang 1886, ist der Sohn des Gastwirts Wilhelm Lehnkering aus Duisburg-Ruhrort und seiner Frau Caroline, geborene Minhorst, aus Mülheim an der Ruhr. Einige ihrer Vorfahren sind schon seit Jahrhunderten im Ruhrgebiet ansässig und gehören als Handwerker und Kaufleute zum unteren und mittleren Bürgertum. Wie viele Familien aus diesem Milieu legt die Familie Lehnkering Wert darauf, sich von der Bevölkerungsmehrheit der Arbeiterschicht abzugrenzen. Familienfotos zeigen, dass man den

6 Annas Großeltern väterlicherseits, Wilhelm und Caroline Lehnkering, mit ihren Söhnen; Annas Vater (r.)

Lebensstil des höheren Bürgertums imitiert und dies durch entsprechende Kleidung zur Schau stellt. Ein weißes Hemd mit Manschetten, ein steifer Vatermörder-Kragen und eine goldene Taschenuhr mit Kette gehören zu den äußeren Insignien des erstrebten Aufstiegs. Man ist stolz auf die erfolgreiche und angesehene Verwandtschaft in Duisburg-Ruhrort. Der Kommerzienrat Carl Lehnkering, ein Cousin deines Großvaters, gründete 1872 eine Spedition und Reederei in Ruhrort und gilt seitdem als eine der »Gründerpersönlichkeiten, die durch ihre Initiative den Innenhafen von Duisburg zum ›Brotkorb des Ruhrgebietes‹ haben werden lassen«[1]. Über die Ausbildung deines Vaters ist nicht viel in Erfahrung zu bringen.

Im Sterkrader Adressbuch von 1904 ist der 18-Jährige, der noch bei seinen Eltern wohnt, als »Bureaugehilfe« verzeichnet. Später taucht ab und zu die Berufsbezeichnung Kaufmann auf. Unstrittig ist, dass er bis zu seinem frühen Tod 1921 als Gastwirt und als Reisender für den Kgl. Hoflieferanten, die Essener Korn- und Cognacbrennerei und Likörfabrik Felix Rauter, tätig war.

Die Gaststätte »Zum Bergalten« deiner Großeltern befindet sich am Kleinen Markt in der historischen Mitte von Sterkrade. Über das 1904 eröffnete Haus heißt es in einer alten Werbung: »Restauration zum Bergalten, ff. Bier aus dem Sterkrader Brauhaus, Spezialität des Hauses ›Bergalten‹, Reine Weine, Billard, Gesellschaftszimmer mit Klavier und kleiner Saal mit großartigem elektrischen Orchestrion zur Abhaltung von Familienfestlichkeiten«.

Die industrielle Expansion im Ruhrgebiet während des Kaiserreichs bringt einen enormen Zuzug von Arbeitern mit sich. Nach der schweren körperlichen Arbeit unter Tage, an den Hochöfen und in den Maschinenwerken ist das Verlangen nach Zerstreuung groß, was nicht zuletzt eine einträgliche Marktlücke für die Gastronomie bedeutet. Das ist wohl für deine Eltern ein guter Grund, ihr berufliches Glück ebenfalls im Gastgewerbe zu suchen, und sie übernehmen nach ihrer Heirat eine Gast- und Schankwirtschaft.

Ihr Haus hat wie damals üblich ein sogenanntes Gesellschaftszimmer und einen Saal für Festlichkeiten. Der Bedarf dafür ist groß, denn Geselligkeit wird großgeschrieben und die Gründung von Vereinen boomt. Ob Gesangsvereine, Turnvereine, Schützenvereine, Bürger- und Arbeitervereine, Kriegervereine und bald die ersten Fußball- und Taubenvereine – gefeiert wird oft und gerne. Deine Eltern starten voller Optimismus und Tatendrang ins Geschäftsleben, auch wenn ihre Gastwirtschaft nicht die gutbürgerliche Lage hat wie die Restauration deiner Großeltern. Am Kleinen Markt bildet man sich eine Menge auf die »gehobene« Stammkundschaft ein, darunter höhere Angestellte aus dem nahen Verwaltungsgebäude der Gutehoffnungshütte und gut situierte Geschäftsleute aus der Nachbarschaft. Die Gaststätte deiner Eltern an der Stadtgrenze zu Osterfeld ist dagegen nicht weit entfernt von den traditionellen Bergarbeitersiedlungen Stemmersberg und Eisenheim. Neben kleinen Gewerbetreibenden aus der Umgebung, dem Metzger, Friseur, Schneider oder Schornsteinfeger, gehören viele Arbeiter und Angestellte der Zeche zu den Gästen. Das bringt zwar zeitweilig den erhofften Umsatz, aber der Betrieb ist andererseits auf Gedeih und Verderb von der konjunkturellen Lage der Eisen- und Stahlindustrie abhängig.
Jede wirtschaftliche Krise macht sich im Geldbeutel eurer Familie bemerkbar. Die folgende Schilderung

7 Anna in der Eingangstür zur elterlichen Gaststätte

dürfte ebenso auf die Lage deiner Eltern zutreffen: »Die Mehrzahl der kleinen Lebensmittel-, Milch-, Tabak- und Zigarrenhändler, Kneipenwirte und Trinkhalleninhaber, Flaschenbier-, Altwaren- und anderen Straßenhändler dürfte kaum mehr als einen durchschnittlichen Arbeiterlohn erwirtschaftet haben. (…) Selbst wenn der eine oder andere Händler oder Kneipenwirt Arbeiterfrauen des Viertels als Aushilfen oder Angestellte beschäftigte; die Nähe zur Arbeiterschaft blieb groß, die ökonomische Grundlage prekär, das Einkommen gering. Man saß im Grunde schon, wenn man auch mit einigen Restformen bürgerlicher Ehrbarkeit dies zu übertünchen suchte, mit den Arbeitern in einem Boot. Da man Kredit gewähren musste und der Arbeiterkonsum je nach Lohneinkommenslage stark variierte, war man von jeder proletarischen Krise, vom schwankenden Lohn, plötzlicher Krankheit oder Streik sofort mit betroffen.«[2]

Euer langjähriges Dienstmädchen Anna Thönissen ist ebenfalls eine Arbeiterfrau aus der Nachbarschaft. Sie ist für euch Kinder eine wichtige Bezugsperson und du magst sie sehr. In wirtschaftlich besseren Zeiten gibt es außerdem einen Kalfaktor für Haus und Hof und zu besonderen Anlässen wird ein Kellner eingestellt. Doch abgesehen von wenigen guten Phasen hört der Kampf ums wirtschaftliche Überleben deiner Familie nie auf.

Dabei liegt die Hauptlast für das Gelingen von Anfang an auf den Schultern eurer Mutter. Noch vor Kriegsbeginn, 1911 und 1913, bringt sie zwei Söhne zur Welt, kann sich aber während ihrer Schwangerschaften kaum eine Pause gönnen, denn ihr Mann ist häufig als Vertreter für die Spirituosenfirma Rauter auf Reisen. In der Familie erzählt man sich, dass der gut aussehende, charmante Lebemann Friedrich nicht nur dem Wein, sondern auch den Frauen zugetan war. So entfremden sich die Eheleute immer mehr. Die noch vor wenigen Jahren beschworene heile Welt der Postkartenidylle ist bald Vergangenheit und die Hoffnungen und Träume deiner Eltern schwinden. Viele Jahrzehnte und viele Erfahrungen später wird deine Mutter einem Arzt sagen:

»Ich habe ein sehr schweres Leben gehabt. (…) Der Mensch macht viele Enttäuschungen mit, mit denen er vorher nicht rechnet. (…) Ja, das Leben bringt manche Schwierigkeiten mit sich. Es ist nicht alles so einfach, wie es aussieht. Wenn man jung ist, dann malt man sich alles so schön aus.«[3]

Deine Mutter war vom Naturell her schon immer recht ernsthaft und pflichtbewusst, so zumindest wird sie im Familienkreis beschrieben. Heute denke ich, dass es vielleicht in jenen schweren Jahren geschah, dass sie zu der kühlen, beherrschten Person wurde, die sogar euch Kindern gegenüber wenig herzliche Emotionen zeigte. Wie ich von meinem Vater weiß, waren Umarmungen und Küsse in eurer Familie eher die Ausnahme.

Frühe Kindheit

Liebe Anna, du wirst am 2. August 1915 in stürmische Zeiten hineingeboren. Fast auf den Tag genau ein Jahr vor deiner Geburt hat Kaiser Wilhelm II. die Mobilmachung befohlen und Russland den Krieg erklärt. Angesteckt von der allgegenwärtigen nationalistischen Begeisterung, meldet sich dein Vater zum Kriegsdienst. Für seine Frau ist die Situation nicht einfach, sie muss ihre beiden kleinen Söhne alleine versorgen und in Abwesenheit ihres Mannes die

Gastwirtschaft weiterführen. Außerdem ist sie Ende 1914 mit dir schwanger. Die Euphorie zu Anfang des Ersten Weltkrieges schlägt bald in Unzufriedenheit um, denn die Auswirkungen der Kriegswirtschaft mit Lebensmittelrationierungen und Hungersnot treffen die Bevölkerung im Ruhrgebiet extrem hart. Jahre später wird ein Arzt deine Mutter fragen, ob es »ungünstige körperliche oder geistige Einflüsse auf die Schwangerschaft« gegeben habe. Sie wird äußern, wie schlimm es für sie war, dass ihr Mann während des Ersten Weltkrieges eingezogen war und wie negativ sich die vielen Aufregungen und der Krieg auf ihre Schwangerschaft und deine Entwicklung ausgewirkt hätten.

Wie eure Mutter dich und deine beiden Brüder über den Hungerwinter 1916/17 bringt, bleibt mir ein Rätsel. Vermutlich versucht sie, wie viele Frauen im Ruhrgebiet, aus Viehfutter und Abfällen etwas Essbares zuzubereiten, so zum Beispiel Reibekuchen aus Kartoffelschalen und alle möglichen Varianten aus Steckrüben, sei es Suppe, Salat oder Marmelade. Es gibt ein Foto von deiner Mutter mit euch Kindern aus dieser Zeit. Niemand auf diesem Bild lächelt. Erst heute ahne ich, warum.

Nach Kriegsende 1918 herrschen weiterhin Not und Elend im Ruhrrevier. Bürgerkriegsähnliche Aufstände der Linken und Putschversuche der Rechten verursachen heillose Verwirrung. Die Familie Lehnkering

8 Anna mit ihrer Mutter und den älteren Brüdern (ca. 1915/1916)

erlebt die revolutionären Umbrüche vom Kaiserreich zur Weimarer Republik unmittelbar vor der Haustüre. Wenige Wochen nach der Ausrufung der Republik im fernen Berlin wird auf dem Sterkrader Rathaus als Zeichen der Machtübernahme durch den

Arbeiter- und Soldatenrat die rote Fahne gehisst.[4] In eurer Nachbargemeinde Osterfeld wird das Denkmal des Kaisers vom Sockel gestoßen. Die gesamte politische Ordnung gerät ins Wanken und die Menschen müssen ihre Werte neu ordnen. Die schönen Postkarten mit den Abbildungen der kaiserlichen Familie in der Schatzkiste deiner Mutter passen nicht mehr in diese Welt.

Aufgrund der unhaltbaren Arbeits- und Lebensbedingungen kommt es zu Streiks der Arbeiter. Wieder werden Lebensmittel rationiert, schlimmer noch, während des »Ruhrkampfs« werden in eurer unmittelbaren Nachbarschaft Menschen erschossen. Es ist naheliegend, dass sich Kummer und Sorgen sowie Angst und Schrecken der Menschen in deiner Umgebung auf dich übertragen. Vielleicht ist es kein Zufall, dass deine Eltern zu dieser Zeit erstmals Veränderungen in deinem Verhalten feststellen. In deiner Patientenakte finden sich entsprechende Hinweise: »Die Geburt verlief normal. Wurde 1 Jahr lang natürlich ernährt. Keine Krämpfe. Gehen und sprechen mit 13–15 Monaten. Bis zum 4. Lebensjahr entwickelte sich das Kind ganz normal und sehr gut. Dann merkten die Eltern plötzlich, dass das Mädchen unruhig wurde. Es kam nachts an die Tür des Zimmers der Mutter und war dann sehr verängstigt. Wurde schreckhaft, zitterte häufig am ganzen Körper.«[5]

9 Anna im Alter von etwa drei Jahren

Nicht nur das äußere Leben befindet sich in der Nachkriegszeit in Auflösung, auch das private Leben eurer Familie steuert auf eine Katastrophe zu. Die Alkoholkrankheit deines Vaters verschlimmert sich. Möglicherweise verstärkt durch den Versuch, seine schrecklichen Kriegserlebnisse zu bewältigen, ertränkt er seine Sorgen im Alkohol. Anfang 1920 und im Sommer 1921 unternimmt er letzte verzweifelte Entzugsversuche in einer »Trinkerheilanstalt« der Betheler Zweiganstalt Eckardtsheim in der Senne. Doch es ist zu spät. Er stirbt im Dezember 1921 im

Alter von 35 Jahren an Leberzirrhose. Sein jüngster Sohn, mein Vater Fritz, ist gerade ein Jahr alt.
Was das für eure Mutter bedeutet, ist nur zu erahnen. Die junge Witwe und Geschäftsfrau ist mit vier kleinen Kindern in einer unsicheren, von Gewalt bedrohten Umgebung völlig auf sich allein gestellt. Du hängst stark an deiner Mutter. Wie sehr müssen ihre Trauer und ihre Verzweiflung auf dich ausstrahlen. Der Tod deines Vaters ist für euch alle ein tiefer Einschnitt. 1931, zehn Jahre danach, wirst du einem Arzt sagen, dass dein Vater zu viel getrunken habe. Du wirst bei diesen Worten beschämt den Kopf senken und leise erklären, dass deine vor allem bei Aufregung zittrigen Bewegungen zum ersten Mal aufgetreten seien, als der Vater starb.[6] Die Umstände seines Todes werden euch Kindern später sehr wohl bewusst und die Trauer darüber wird sich eng mit Scham verbinden: Bei der Aufnahme in die Klinik Bedburg-Hau 1936 fragt man dich nach dem Vater; der Eintrag in der Akte lautet: »Vater verstorben. Todesursache unbekannt.«[7] Der familiäre Verdrängungsprozess ist also bereits angelaufen.
Die Probleme deiner Mutter werden nach dem Tod ihres Mannes nicht weniger. Sie ist einsam und in dem von Männern dominierten Umfeld der Gastwirtschaft vermutlich manchmal überfordert. 1922 heiratet sie zum zweiten Mal und kurz darauf wird ein weiterer Sohn geboren. Die Ehe steht von Anfang

an unter einem ungünstigen Stern. Wieder ist es der Alkohol, der das Familienleben verhängnisvoll beeinflusst. In deiner Bonner Akte ist zu lesen: »Durch seinen Beruf als Gastwirt wurde ihm der Hang zum Trinken besonders gefährlich. Darunter leidet die Stieftochter Anna besonders. Sie ist ein übernervöses, schwachsinniges Kind, das den Stiefvater fürchtet und ihm möglichst aus dem Wege geht.« Du erzählst einem Arzt in der Bonner Kinderklinik, »dass der Stiefvater trinkt und dass es dann häufig wüste Auftritte zwischen ihm und der Mutter gebe, zu denen manchmal der in der Nachbarschaft wohnende Onkel zu Hilfe gerufen würde«. Deine Anhänglichkeit an die Mutter wird durch die häuslichen Probleme sicherlich verstärkt. Für deine älteren Brüder ist die schwierige familiäre Situation einer der Gründe, ihr Zuhause früh zu verlassen. Deine Mutter wird später kurz und knapp über ihren zweiten Ehemann bemerken: »Er hat zur Ehe nicht getaugt.«[8] Aber womöglich ist der deutlich jüngere Mann mit der Rolle als Familienvater für fünf Kinder einfach überfordert. Er ist ein technisch interessierter Mensch und ein Autotüftler, der sich obendrein als »Erfinder« betätigt. Dabei lässt er sich allerdings auf allerlei windige Geschäfte ein und verschärft damit die ohnehin schwierige wirtschaftliche Lage von euch allen.

Wie schon während ihrer ersten Ehe trägt deine Mutter die Hauptlast. Sie arbeitet von früh bis spät. »Ich habe immer wenig geschlafen, früher, als wir noch die Wirtschaft hatten, bin ich um 1 Uhr nachts ins Bett und um 6 Uhr wieder heraus.«[9] Da bleibt nicht viel Zeit für Müßiggang. Das im ersten Stock gelegene Wohnzimmer mit den 1910 aus ihrer Mitgift angeschafften Möbeln wird nur zu besonderen Anlässen wie Weihnachten oder Ostern benutzt. Euer Familienleben spielt sich überwiegend im Erdgeschoss des großen Hauses ab, wo sich neben den Gasträumen die Küche befindet. Ihr Kinder – vor allem du – sitzt tagsüber oft in der Küche bei der Mutter. Während es deine jüngeren Brüder nach den Hausaufgaben zum Spielen nach draußen zieht, bleibst du gerne im Haus und schaust zu, wie deine Mutter die kleinen Speisen für die Gäste zubereitet. Auf der Theke werden nämlich neben den üblichen Rollmöpsen und Soleiern im Glas auch Koteletts, Frikadellen oder Schnittchen angeboten. Es gibt viel zu tun, und als du älter bist, gehst du deiner Mutter im Haushalt zur Hand. In dieser kleinen Welt, nahe bei deiner Mutter, fühlst du dich sicher und geborgen. Zum Vergnügen aller finden an den Wochenenden häufig Tanzveranstaltungen im Saal statt, bei denen Klavier und Schlagzeug auf dem Podium zum Einsatz kommen, und nicht selten sorgt ein Stehgeiger für die nötige Stimmung. Zu besonderen Anlässen wie Karneval kommt ein Dekorateur ins Haus, der den Raum mit Girlanden, Papierblumen und Lampions schmückt.

»Trinke, liebe, rauche, bis zum letzten Hauche«, heißt das fragwürdige Motto auf einem Transparent im Saal, das ich unlängst auf einem Foto entdeckt habe. Selbstverständlich seid ihr Kinder nur Zaungäste bei den Feiern der Erwachsenen. Die ausgelassene Stimmung macht Spaß, hinterlässt jedoch auch Eindrücke, die meinen eigenen Vater lebenslang zu einem Abstinenzler werden lassen.

Außer den schwierigen familiären Lebensumständen haben die wirtschaftlichen und politischen Unruhen der Weimarer Zeit zusätzlich gravierenden Einfluss auf eure Lebensverhältnisse. Die Nachwirkungen des Krieges sind noch viele Jahre spürbar. In deiner Patientenakte steht: »Als Pat. 6 J. alt war, ging die Mutter mit ihr zum Arzt, der meinte, sie sei sehr nervös. Sie bedürfe guter Ernährung (Lebertran) und viel Ruhe (Landaufenthalt).«[10] Du bist eines von unzähligen Kindern im Ruhrgebiet, deren Gesundheit aufgrund der desolaten Versorgungslage angegriffen ist. Die Sterblichkeitsrate ist in der Nachkriegszeit vor allem bei Kindern hoch. Folge der Mangelernährung sind unter anderem Krankheiten wie Tuberkulose. Mein Vater, dein kleiner Bruder Fritz, erkrankt damals an Augentuberkulose, die beinahe zu seiner Erblindung führt. Mit Lebertran und Landaufenthalten alleine ist dem nicht abzuhelfen.

Zu allem Unglück stürzt du als Siebenjährige in einen Strauch im Garten und verlierst dein rechtes Auge.

Fortan trägst du eine Augenprothese, was dir sehr peinlich ist. Als ein Arzt dich später auf das Glasauge hin anspricht, weinst du längere Zeit. Auch schaust du niemanden direkt an, damit man es nicht bemerkt. Zu der Zeit, als du dein Auge verlierst, herrscht wieder einmal Ausnahmezustand in deiner Heimat. Der Versailler Friedensvertrag hat das Deutsche Reich zu erheblichen Reparationszahlungen an die alliierten Siegermächte verpflichtet. Im Ruhrgebiet, das besonders stark belastet wird, kommt es zum passiven Widerstand der Bevölkerung. Die Folge ist ein erneuter Ruhrkampf und die Besetzung des Ruhrgebiets durch französische und belgische Truppen. 1923 marschieren belgische Truppen bei euch in Sterkrade ein. Mord und Totschlag, Verhaftungen, Ausgangssperren, Streik, Inflation und nicht zuletzt die katastrophale Ernährungslage führen zu chaotischen Zuständen in deiner Heimatstadt. Beim Einmarsch der Soldaten bist du gerade acht Jahre alt. Du bist ein furchtsames und sensibles Kind und natürlich spürst du die Anspannung und allgegenwärtige Bedrohung ganz besonders intensiv.
Etwa ab 1924 beruhigt sich die allgemeine Lage. Eine Währungsreform und der Abzug der Besatzungstruppen verschaffen den Menschen im Ruhrgebiet eine kurze Atempause und es folgen einige Jahre, die für manch einen im Nachhinein als die »goldenen Zwanziger« gelten. Die Vorboten der unheilvollen Zeit

des Nationalsozialismus sind jedoch bereits sichtbar. Wenige Tage nach deinem zehnten Geburtstag im August 1925 hält ein gewisser Dr. Josef Goebbels auf dem Gründungstag der »NSDAP Oberhausen« in einer Oberhausener Gaststätte eine Rede und am gleichen Tag wird die Ortsgruppe Sterkrade gegründet.[11] In deinem Elternhaus wird nicht viel über Politik gesprochen und wahrscheinlich hat euch dieses Ereignis nicht besonders interessiert.

Einen weitaus größeren Stellenwert für eure traditionsbewusste Familie hat dagegen die alljährliche patriotische Feier des Kriegervereins, die mit viel Tschingderassabum und Fahnenschwenken am Sterkrader Kriegerdenkmal stattfindet. Der bunte Aufmarsch findet unweit der Gastwirtschaft »Zum Bergalten« am Kleinen Markt statt. Die Gaststätte deiner Großeltern wird seit Längerem vom Bruder deines Vaters, Karl Lehnkering, bewirtschaftet. Dein Onkel Karl ist mit der jüngeren Schwester Helene deiner Mutter verheiratet. Die beiden Schwestern stehen sich nah und besuchen sich häufig. In schweren Zeiten findet deine Mutter dort Zuspruch und Hilfe.

Die alten Häuser am Kleinen Markt stehen schon lange nicht mehr und das Kriegerdenkmal ist längst abgerissen. Nur noch der traditionsreiche Wochenmarkt erinnert an die alten Zeiten, als sich hier die gutbürgerliche Mitte von Sterkrade befand. 1929 wurden die Städte Oberhausen, Sterkrade und

10 Kleiner Markt, hinten rechts die Gaststätte »Zum Bergalten«

Osterfeld zur Großstadt mit dem Namen Oberhausen zusammengelegt. Die bürgerlichen Schichten von Sterkrade protestierten vehement dagegen, auch an einem der zentralen Plätze der Stadt, dem Kleinen Markt. Ich nehme an, dass du mit der Familie dabei warst. Selbst mein Vater, der damals noch ein Kind war, betonte bis ins hohe Alter seine Identität als gebürtiger Sterkrader.

Das alles können die Ärzte in Bonn nicht wissen, als sie 1931 in deiner Patientenakte vermerken: »Das Mädchen ist heute noch ängstlich, als sie in das Untersuchungszimmer kommt. Sie weiß ihr Alter und ihren Geburtstag anzugeben. Auf die Frage nach ihrem Wohnort wird sie unsicher, sagt: Oberhausen, Osterfeld, Sterkrade, nacheinander, kann die Hausnummer, aber nicht die Straße angeben.« Die befragenden

Ärzte bringen deine Unsicherheit wohl nicht mit den Veränderungen in deiner Heimatstadt in Verbindung. Im Zuge der Eingemeindung haben sich nämlich viele Straßennamen geändert, so auch deine Adresse. Zwar wohnst du noch im selben Haus, aber es steht nun in Oberhausen in der Vestischen Straße und nicht mehr in Sterkrade in der Osterfeldstraße. Da kann man schon mal durcheinandergeraten.

Hilfsschule

Liebe Anna, wie für jedes Kind ist die Schule für dich gewiss ein sehr wichtiger Lebensbereich. Es liegt nahe, dass du deine Brüder, die allesamt gute Schüler sind, als schulische Vorbilder betrachtest. Während ihrer Grundschulzeit besuchen die Jungen ein evangelisches Privatlyzeum in Sterkrade, dessen Schülerschaft überwiegend aus dem gehobenen Bürgertum stammt. Bildung und Ausbildung werden in deiner Familie großgeschrieben, selbst wenn man sich so manches Mal das Schulgeld abknapsen muss. Auch spielt ein gewisser Standesdünkel dabei sicher eine Rolle. Einladungen deiner Geschwister zu Kindergeburtstagen in die Häuser der städtischen Honoratioren werden in eurer Familie mit Stolz vermerkt. Andererseits sind sie bestrebt, den Umgang mit Kindern polnischer Muttersprache, die in großer Zahl die überfüllten

Volksschulklassen besuchen, einzuschränken. Diese von antipolnischen Ressentiments zeugende Haltung war damals in der Bevölkerung durchaus verbreitet. Zwar lebten polnische Arbeiter mit ihren Familien seit vielen Jahrzehnten in der Nachbarschaft, allerdings erschwerten nationale und konfessionelle Vorurteile nicht selten das Zusammenleben.

Dein Start ins Schulleben erweist sich als ein einziger Misserfolg. Zunächst wirst du für ein Jahr vom Schulbesuch zurückgestellt, weil du laut ärztlicher Untersuchung »zu schwächlich« bist. Mit sieben Jahren wirst du in dieselbe Privatschule wie deine Brüder eingeschult, doch schon nach kurzer Zeit überweist man dich an die Hilfsschule. Sehr wahrscheinlich wirst du nun zum ersten Mal aktenkundig. Über den genauen Ablauf des Verfahrens ist nichts mehr in Erfahrung zu bringen, da die in deiner Patientenakte erwähnten Unterlagen im Jugendamt Oberhausen-Sterkrade leider nicht mehr existieren. Vermutlich war ein Amts- oder Schularzt an dem Überweisungsverfahren beteiligt. Ob deine medizinische Begutachtung durch eine psychologische Untersuchung ergänzt wurde, bleibt offen.

Du wirst in einem Hinterbau der evangelischen Volksschule in Sterkrade, der heutigen Steinbrinkschule, unterrichtet, wo der Hilfsschule drei Räume zur Verfügung stehen. Welch ein Abstieg für dich und die Familie – die Volksschule wäre in dieser

Situation das geringere Übel gewesen. Zum ersten und nicht zum letzten Mal in deinem Leben erfährst du Ausgrenzung, denn die Hilfsschüler stehen auf der sozialen Stufenleiter ganz unten und gelten in der Mehrzahl als »schwachsinnig« und »minderwertig«. Zum damaligen Zeitpunkt wird »Schwachsinn« meist medizinisch begründet, man spricht von einem kranken Gehirn. Obwohl es zahlreiche Ursachen geben kann, wird die Beeinträchtigung in der Mehrzahl der Fälle als »angeboren« bezeichnet. Eine Wechselwirkung von negativen Milieueinflüssen und mangelnder Schulleistung wird überwiegend nicht anerkannt. »Lediglich vereinzelte Stimmen gehen so weit, einen ursächlichen Zusammenhang zwischen Hilfsschulbesuch und sozialer Lage herzustellen«, schlimmer noch – im Umkehrschluss wird sogar die »mangelhafte geistige Veranlagung für soziales Elend verantwortlich« gemacht.[12] Eine zynische Haltung in Anbetracht der Tatsache, dass viele Menschen in deiner Heimatstadt aufgrund der politischen Lage nach dem Ersten Weltkrieg unverschuldet in tiefster Armut leben. Als du eingeschult wirst, herrschen Hunger und Not, Schulspeisungen in den Sterkrader Schulen retten viele Kinder vor dem Tod.

Es gibt Anhaltspunkte dafür, dass du dich schämst, Hilfsschülerin zu sein. Im Herbst 1931, etwa zwei Jahre nach Ende der Schulzeit, wirst du in der »Kinderanstalt für seelisch Abnorme« in Bonn untersucht.

In deiner Patientenakte ist vermerkt: »Wenn man auf die Schule zu sprechen kommt, wird sie etwas verlegen. Sie sagt, dass sie meist sitzengeblieben ist.« Fünf Jahre später wird dir während der Intelligenzprüfung in der Heil- und Pflegeanstalt Bedburg-Hau der Name der deutschen Hauptstadt nicht einfallen, du wirst dich dafür entschuldigen: »Das ist eben so dumm, dass man keine höhere Schule besucht hat.«
Was ich über deine schulische Entwicklung weiß, ist zum größten Teil deiner Bonner Patientenakte entnommen. Die Frage, ob du »bildungs- und erziehungsfähig« seist, beantworten die Bonner Ärzte mit »Ja«. Es ist davon auszugehen, dass du eine sehr brave Schülerin bist, denn es heißt: »Charakterlich ist das Mädchen sehr gutmütig und willig, folgsam, verträglich und dürfte wohl erzieherisch in keiner Hinsicht Schwierigkeiten bereiten.« Dein Verhalten den Lehrern und Mitschülern gegenüber wird als gut bezeichnet. In Bezug auf deinen schulischen Werdegang ist zu erfahren, dass du bis zum 14. Lebensjahr in der Hilfsschule bleibst, dort aber nicht gut mitkommst. Die Abschrift deines Abschlusszeugnisses bestätigt die Bonner Beurteilung. Demnach wurdest du Ende Februar 1929 mit folgendem Zeugnis aus dem 3. Hilfsschuljahr der Sterkrader »Markthilfsschule« entlassen: »Schulbesuch: unregelmäßig wegen Krankheit. Betragen: gut. Fleiß: befriedigend. Kenntnisse: mangelhaft.«

Die psychologische Untersuchung in Bonn ergibt: »Versteht alles, was man ihr sagt. Sie kann nur sehr unbeholfen und nicht zusammenhängend schreiben. Das Lesen geht sehr langsam buchstabierend. Beim Rechnen gelingen ihr nur ganz einfache Additionen und Subtraktionen. Sie braucht zu jeder Aufgabe sehr viel Zeit.« Unter dem Strich werden deine Schul- und Allgemeinkenntnisse als sehr gering eingestuft, knapp denen eines Kindes im zweiten Schuljahr entsprechend. Deine Gedächtnisleistungen liegen angeblich auf dem Niveau eines elfjährigen Mädchens. Auf praktischem Gebiet zeigt sich, dass du für alle Aufgaben viel Zeit brauchst. Erschwerend kommt noch deine »Ängstlichkeit und körperliche Unbeholfenheit« hinzu. Lässt man dich in Ruhe oder ermutigt dich durch kleine Hilfen, so bist du »durchaus in der Lage, einfache Situationen zu erfassen und auch Werkzeuge sinngemäß zu verwenden«. Dabei ist das Fehlen deines Auges ausgesprochen hinderlich, weil es die Tiefenwahrnehmung erheblich beeinträchtigt. Wie man anlässlich des Tests in der Bonner Kinderklinik feststellt, kommt es beim Turmbau häufig vor, dass du einen Bauklotz vor oder hinter die Stelle legst, wo er hingehört, und der Raumbau gelingt dir nur mit viel Hilfe. Die vielen Misserfolge sind dir anscheinend nicht egal, denn die Untersuchenden bemerken deine »leichte Verlegenheit«. Es geht mir zu Herzen, wenn ich in deiner Krankenakte lese, wie du deine Hand beim Schreiben krampfhaft auf die Unterlage presst und den Bleistift völlig verkrampft hältst. Trotzdem kannst du das starke Zittern deiner Hand nicht verhindern. Vor mir liegt ein Blatt aus deiner Patientenakte. »Liebe Mutter« steht da in krakeliger Kinderschrift. Ich meine, dich beim Schreiben vor mir zu sehen.

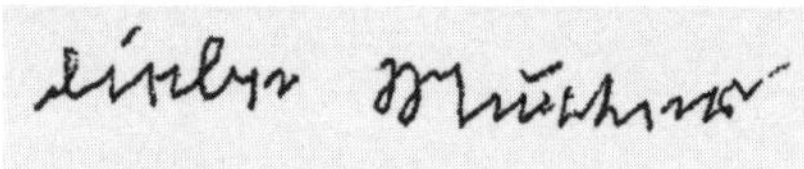

11 Annas Schriftzug aus der Patientenakte, 1931

Gerne wüsste ich, wie dein Schulalltag ausgesehen hat, doch leider sind weder Berichte noch Fotos aus deiner Schulzeit überliefert. So kann ich wieder einmal nur spekulieren. Vermutlich herrscht in der Hilfsschule ein rauer Ton. Deine Mitschüler, darunter viele Jungen, entstammen in der Regel der Arbeiter- und Hilfsarbeiterschicht und kommen meist aus kinderreichen Familien.[13] Sicher keine einfache Situation für dich.
In deiner Bonner Akte wirst du als etwas »zimperlich und verwöhnt« beschrieben. Es wird vermutet, dass du anscheinend wegen deiner Erkrankung »verzärtelt« wurdest. »Im Zusammensein mit anderen Kindern ist das Mädchen äußerst empfindlich. Wird von ihnen allerdings auch gehänselt, mit Wasserguss geweckt etc. (…) Patientin weint sehr oft (…) dann kommt sie zur Schwester und beklagt sich über die Kinder, dass

die so böse mit ihr sind und sie könnte ihnen doch nicht sagen, warum sie weinen würde.« Kinder können grausam sein. Ich kann mir gut vorstellen, dass sich deine Mitschüler ebenfalls über die vermeintliche »Zimperliese« und »Heulsuse« lustig machen. Möglicherweise ist das einer der Gründe dafür, dass du häufig in der Schule fehlst. Es wird über dich berichtet: »War in der Zwischenzeit verschiedentlich zur Erholung fort.« Bereits vor deiner Einschulung hat der Arzt dir wegen deiner schwächlichen Konstitution Landaufenthalt und Ruhe verschrieben. Vielleicht bist du aber auch ganz froh, auf diese Weise der Schule für einige Zeit zu entrinnen.

Ich hoffe so sehr, dass du freundlichen und verständnisvollen Lehrern begegnet bist, die dich geschützt und gefördert haben. Doch es ist wohl eher unwahrscheinlich, dass man auf deine individuellen Bedürfnisse eingegangen ist. »Zucht, Ordnung, Sittlichkeit« und nicht zuletzt dein Nutzen für die Allgemeinheit stehen im Vordergrund der pädagogischen Bemühungen. Zahlreiche Hilfsschullehrer sind lange vor Machtantritt des Nationalsozialismus Anhänger eugenisch-rassenhygienischer Ideen.[14] Nicht wenige sehen die »minderwertigen« Hilfsschulkinder als »Ballast« der Gesellschaft – eine Gedankenwelt, die Lichtjahre entfernt ist von heutigen Ideen der Integration oder gar sozialer Inklusion, zu deren Grundsätzen die gleichberechtigte gesellschaftliche Teilhabe und Selbstbestimmung von Menschen mit Behinderung gehören.[15] Das Recht aller Schüler, unabhängig von ihren Fähigkeiten oder Behinderungen, ihrer ethnischen oder sozialen Herkunft gemeinsam in einer »Schule für Alle« unterrichtet zu werden, ist zu deiner Zeit völlig unvorstellbar. Im Gegenteil: »Die Hilfsschulkinder als Angehörige der unteren Gesellschaftsklassen wurden als Untertanen betrachtet, denen wohl private und staatliche Wohltätigkeit, aber nicht bürgerliche Rechte zuerkannt wurden.«[16]

Immer wieder kommt zum Ausdruck, dass die Nützlichkeit der Hilfsschulkinder, ihre soziale und berufliche Eingliederung an erster Stelle stehen. In deiner Bonner Akte heißt es über dich: »Am liebsten spielt sie mit kleinen Kindern«, und du äußerst als Berufswunsch, »in einem Kindergarten zu helfen«. Als du die Schule verlässt, ist für dich aufgrund deiner Lernschwäche keine Berufsausbildung möglich. Aus der Akte geht jedoch hervor, dass du zu Hause ganz gut mithelfen kannst. Unter anderem machst du Betten, wischst Staub und spülst. Auch machst du Besorgungen und erledigst Einkäufe für deine Mutter. Dennoch bist du für die Erb- und Rassenhygieniker kein »brauchbarer« Mensch. Nach ihren Maßstäben giltst du als »nutzlos und wertlos für die Volksgemeinschaft«. Der Schritt von da zur Vernichtung der »Lebensunwerten« – welch schrecklicher Ausdruck! – ist nur sehr klein.

Evangelische Kirchengemeinde

Liebe Anna, es ist überliefert, dass du sehr fromm bist und sonntags häufig dreimal zur Kirche gehst. Die evangelische Gemeinde der Sterkrader Friedenskirche ist ein Zufluchtsort und Schutzraum für dich. Vor allem gehst du oft und gerne zu den Treffen, die vom Jugendfürsorgeverein organisiert werden. Dort begegnen dir Mädchen, die wie du körperlich oder geistig behindert sind, und du fühlst dich in ihrem Kreis sehr wohl. Sie sind wirkliche Freundinnen, wie sich später zeigen wird.

Pfarrer und Gemeindeschwestern sind maßgebliche Personen für dich. Als du durch ihre Vermittlung kurze Zeit bei den Diakonissen im Friederikenstift in Düsseldorf-Kaiserswerth[17] weilst, entsteht dein Wunsch, ganz bei den »Schwestern« zu wohnen und bei der Betreuung der kleinen Kinder zu helfen. Deine Mutter hat nichts dagegen einzuwenden. Im Gegenteil, vermutlich sieht sie in deiner Unterbringung bei den Diakonissen eine gesicherte Zukunftsperspektive für ihre Tochter.

Mit dem Einverständnis der Mutter wirst du 1931/32 in der »Provinzial-Kinderanstalt für seelisch Abnorme« in Bonn untersucht. Es geht darum, deine Eignung für eine Aufnahme in Kaiserswerth festzustellen. Die Einweisung geschieht auf Antrag des Sterkrader Gemeindepfarrers Dr. Lukas Vietor. In seinem

12 Anna (l.) mit einer Gruppe behinderter junger Mädchen

Schreiben an den Leiter der Anstalt, Professor Otto Löwenstein[18], bedankt er sich dafür, dass man auf seine Anfrage eingeht, denn die »Ansicht, ob es sich bei Anna um Schwachsinn handele, wurde in letzter Zeit erschüttert, durch Briefe, die sie schickte und die in Schrift und Stil nicht schlechter dünkten wie mancher Hilfsschülerin. Es könnte aber sein, dass andere Mädchen die Briefe für Anna geschrieben haben. Deshalb dachten wir von neuem an das Friederikenstift in Kaiserswerth, das aber, wie schon gesagt, keine schwachsinnigen Mädchen aufnimmt.«
Hat er mit seiner Vermutung recht? Ich glaube, ja. Wahrscheinlich haben die anderen Mädchen die Briefe tatsächlich für dich geschrieben. Das rührt

mich, denn es ist ein Zeichen von Freundschaft und solidarischem Handeln in eurer Gruppe.
Kurze Zeit später gerät der evangelische Pfarrer Lukas Vietor, der sich so für dich eingesetzt hat, im Rahmen des sogenannten »Kirchenkampfes« ins Visier der Nazis. Er ist ein aufrechter und unerschrockener Mann, dem in erster Linie das Wohl seiner Gemeindemitglieder am Herzen liegt. Die Anhänger der Glaubensbewegung »Deutsche Christen«, die in seinem Sterkrader Presbyterium eine dominierende Position einnehmen, möchten den »bekennenden Christen« Lukas Vietor gerne loswerden. Er äußert sich nicht nur kritisch zur Verhaftung von politischen Gegnern und in Bezug auf die »Judenfrage«, sondern wendet sich außerdem gegen die Hakenkreuzfahne und das Horst-Wessel-Lied im Zusammenhang mit kirchlichen Amtshandlungen. Nachdem er mehrfach denunziert wird, gerät er zunächst in »Schutzhaft«. 1933 wird er zwangsbeurlaubt und später versetzt.[19] Damit kommt er vergleichsweise glimpflich davon. Sein katholischer Amtsbruder in Sterkrade, Kaplan Matthias Mertens, wagt es 1941, gegen die »Vernichtung lebenswerten Lebens« als Mord zu protestieren, indem er die Predigten des Bischofs von Münster, Clemens August Graf von Galen, zur »Euthanasie« verliest und kommentiert. Die Folge für ihn ist eine dreijährige Haft im Konzentrationslager Dachau.[20]

Ich finde es tröstlich zu wissen, dass es in deinem unmittelbaren Umfeld Menschen gab, die nicht wegschauten, nicht einfach zuschauten oder gar mitmachten. Dazu gehörte damals eine Menge Charakter und Mut.

Diagnose »Schwachsinn«

Liebe Anna, in Bonn wird durch die Ärzte ein ausführlicher körperlicher, neurologischer und psychischer Befund erhoben. Aus den vorliegenden Informationen kann ich mir ein gewisses Bild von dir machen. Mit 173 cm bist du für eine 16-Jährige hochgewachsen. Du bist 62 kg schwer und hast »gute Körperproportionen«. Deine »Gesichtszüge sind noch kindlich«. Deine Bewegungen werden als unsicher und zittrig beschrieben, vor allem bei Aufregung sind ein starkes Zittern und ein Schwanken zu beobachten. Insgesamt wirkst du auf die Ärzte infantil und ängstlich.

Laut Akte sind in der Familie bisher noch keine »nervösen Erkrankungen, insbesondere Geistesstörungen, Fallsucht, Hysterie, Migräne oder Selbstmord oder Verbrechen« aufgetreten. Auf der Basis einer augenscheinlich gründlichen Untersuchung ergibt der Befund schließlich: »Es handelt sich bei dem Mädchen um einen Schwachsinn erheblichen

Grades. Neben einer allgemeinen Verlangsamung und Erschwerung der Auffassung zeigt sich eine weitgehende Unfähigkeit, selbständige etwas kompliziertere Denkoperationen durchzuführen.« Im Gegensatz zur späteren Diagnose in Bedburg-Hau im Jahr 1936 wird der »Schwachsinn« hier nicht als erblich bezeichnet. Auf die Frage: »Was hält man für die Ursache des Schwachsinns? Erblichkeit, Krankheiten, Verletzungen, geistige Anstrengungen, heftige Gemütsbewegungen wie Furcht und Schrecken?«, lautet die Antwort: »Vater Potator«. Ich habe das Wort im Lexikon nachschlagen müssen. Potator ist der medizinische Begriff für Trinker. Inzwischen weiß ich, dass sogar in der Familie darüber gemunkelt wurde, die Alkoholkrankheit eures Vaters sei womöglich für deine »nervlichen« Probleme verantwortlich. Hast du auch davon gehört? Es wäre schlimm, denn du schämst dich sowieso dafür, dass dein Vater vom Alkohol abhängig war. Wie kannst du ihn lieben, wenn er gleichzeitig der Verursacher deiner Krankheit sein soll?

Die Auffassung, dass Alkohol direkt das Erbgut, insbesondere den Samen des Vaters, schädige, ist zu jener Zeit weit verbreitet.[21] Die Diagnose der Ärzte in Bedburg-Hau im Jahr 1936 wird diesen Sachverhalt nicht erwähnen. Sie wird sich in einem wesentlichen Punkt von der Bonner Diagnose unterscheiden und lauten: »Angeborener Schwachsinn. Ursache: Erblichkeit. Die geistige Störung ist von Anfang an als Schwachsinn aufgetreten.« Das widerspricht der Aussage deiner Mutter, sie habe erstmals Veränderungen an dir festgestellt, als du vier Jahre alt warst. Mein Vater erwähnt später noch eine andere mögliche Ursache für deine Behinderung. Angeblich hat dich ein Nachbarsmädchen fallen lassen, als du ein Säugling warst.

Für mich ergeben sich an dieser Stelle viele Fragen. Zuallererst die nach der Erblichkeit von »Schwachsinn« und natürlich auch: Was ist wirklich Ursache deiner Behinderung? Ist sie angeboren oder erworben? Ist dein Verhalten in den ersten Kinderjahren wirklich so normal und unauffällig, wie immer

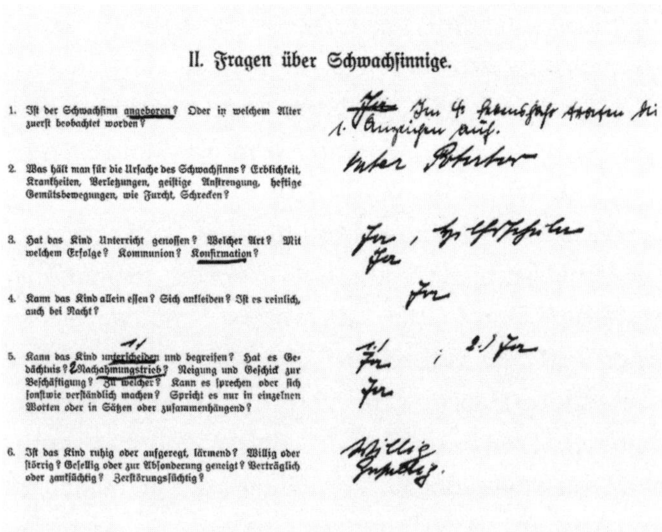

II. Fragen über Schwachsinnige.

1. Ist der Schwachsinn angeboren? Oder in welchem Alter zuerst beobachtet worden?

2. Was hält man für die Ursache des Schwachsinns? Erblichkeit, Krankheiten, Verletzungen, geistige Anstrengung, heftige Gemütsbewegungen, wie Furcht, Schrecken?

3. Hat das Kind Unterricht genossen? Welcher Art? Mit welchem Erfolge? Kommunion? Konfirmation?

4. Kann das Kind allein essen? Sich ankleiden? Ist es reinlich, auch bei Nacht?

5. Kann das Kind unterscheiden und begreifen? Hat es Gedächtnis? Nachahmungstrieb? Neigung und Geschick zur Beschäftigung? Zu welcher? Kann es sprechen oder sich sonstwie verständlich machen? Spricht es nur in einzelnen Worten oder in Sätzen oder zusammenhängend?

6. Ist das Kind ruhig oder aufgeregt, lärmend? Willig oder störrig? Gesellig oder zur Absonderung geneigt? Verträglich oder zanksüchtig? Zerstörungssüchtig?

13 Ärztlicher Fragebogen aus der Bonner Patientenakte

betont wird, oder folgen dir heimlich die besorgten Blicke der Eltern und Verwandten, die einfach nicht wahrhaben wollen, dass mit dir etwas nicht stimmt? Sind die »nervösen« Störungen, die man feststellt, als du vier Jahre alt bist, erste Anzeichen für eine geistige Behinderung? Hat die Alkoholkrankheit deines Vaters tatsächlich etwas mit deiner Behinderung zu tun oder handelt es sich eventuell – wie die Aussage deines Bruders nahelegen könnte – um eine frühe traumatische Hirnschädigung infolge eines Sturzes?

Die angebliche Erblichkeit deiner Krankheit, die später als Begründung für deine Zwangssterilisation und Ermordung dienen wird, wurde nie bewiesen. Rückblickend kann man mit den vorliegenden Informationen kaum eine richtige Diagnose stellen. Die medizinischen Untersuchungs- und damit Behandlungsmöglichkeiten sind inzwischen allerdings weit fortgeschritten, sodass man heute sicher sehr gute Chancen hätte, die Ursache deiner Beschwerden festzustellen und vielleicht sogar zu behandeln.

Auf jeden Fall muss die Bonner Diagnose »Schwachsinn« für dich eine große Enttäuschung sein, denn sie bedeutet das Aus für deinen Wunsch, nach Kaiserswerth zu gehen. Andererseits zeigst du jedoch große Freude, als deine Mutter dich Anfang 1932 wieder nach Hause holt. Während der Zeit in Bonn hast du

viel geweint und immer wieder Heimweh geäußert, vor allem wenn du Post von zu Hause bekommen hast.
Die Bonner Ärzte sind übrigens der Meinung, dass für dich keine Notwendigkeit zur Anstaltsunterbringung bestehe, da du zu Hause genügend in einfachen Beschäftigungen ausgebildet werden könntest. Deine Mutter erscheint geeignet dazu. Falls dies nicht möglich sein sollte, schlägt man alternativ deine Unterbringung in einer »Schwachsinnigenanstalt« vor, wo man dich mit »einfacheren Handreichungen im Haushalt oder auch mit zur Beschäftigung kleinerer Kinder heranziehen könnte«.

DER WAHN DER RASSENHYGIENE

Die letzten Jahre in Oberhausen

Liebe Anna, eines der schönsten Fotos von dir entsteht im Sommer 1932. Du bist nun knapp 17 Jahre alt und sitzt mit deiner Freundin Hedwig auf einer Bank im Hof deines Elternhauses. Noch liegt das Leben mit all seinen Jungmädchenträumen vor euch. Es ist herzerwärmend, wie fröhlich und unbeschwert du in die Kamera lachst. Vielleicht hast du gerade mit Hedwig über die Liebe getuschelt – ein schöner Gedanke, dass du vielleicht sogar verliebt bist. Das Foto strahlt nichts von der zunehmenden Gewalt aus, die sich außerhalb eures geschützten Gartens zusammenbraut. Wie gut, dass du an diesem Tag nicht ahnst, wie sehr dein Leben bedroht ist.

Als du 1932 aus der Bonner Anstalt nach Hause zurückkehrst, stehen die Zeichen auf Sturm. In deiner Krankenakte ist am Tag der Entlassung vermerkt, dass die Mutter ihre schlechten wirtschaftlichen Verhältnisse erwähnt. Kein Wunder, dass ihre Lage ökonomisch immer prekärer wird, denn infolge der verheerenden Weltwirtschaftskrise ist zu dieser Zeit bereits

14 Die 17-jährige Anna mit ihrer Freundin Hedwig, 1932

mehr als ein Drittel der Oberhausener Erwerbstätigen arbeitslos. Das soziale Elend ist überall spürbar. Wieder einmal muss die Bevölkerung im Ruhrgebiet hungern und frieren. Für die meisten reicht es knapp zum Überleben und auch das nicht immer. »Die Sterbestatistiken belegen die Folgen von Unterernährung und Entkräftung.«[1] Auch in deinem Elternhaus zeigt sich die Armut immer deutlicher. Das Haus gehört längst der Bank, zeitweise wird der Strom abgeschaltet, und die Brauereien geben keinen Kredit mehr. So kann es vorkommen, dass deine jüngeren Brüder mit einer großen Glasflasche quer durch die Stadt laufen, um bei einem befreundeten Gastwirt Schnaps zu holen, der später zu Hause mit Wasser verdünnt weiterverkauft wird. Es ist nachvollziehbar, dass die Streitigkeiten zwischen den Eltern in dieser problembeladenen Situation zunehmen.

Die wirtschaftliche Situation in Deutschland eskaliert und die Nationalsozialisten versuchen, daraus politisches Kapital zu schlagen. Über die politische Einstellung der Familie zu jener Zeit kann ich nur Mutmaßungen anstellen. Das katholische Zentrum, die stärkste Partei in der mehrheitlich katholischen Stadt Oberhausen, ist vermutlich keine Option für die überwiegend evangelische Familie. In der von Schwerindustrie und Industriearbeiterschaft geprägten Stadt Oberhausen dominieren die Anhänger der christlich, kommunistisch oder sozialdemokratisch

ausgerichteten Arbeiterbewegungen[2], aus deren Reihen der einzig nennenswerte Widerstand gegen die NSDAP kommt. Es ist unwahrscheinlich, dass deine Angehörigen dazugehören. Vielmehr gelten ihre Sympathien wohl – wie bei weiten Teilen des bürgerlichen Mittelstandes – den Parteien des deutschnationalen Spektrums, die später zum Steigbügelhalter Hitlers werden.
In das Gedächtnis deiner Brüder haben sich die Bilder von Rotfront-Schalmeien-Zügen, Zusammenstößen mit den braunen Schlägertrupps der SA und vom Eingreifen der berittenen Polizei mit Gummiknüppeln unauslöschlich eingebrannt. Vermutlich hat das Geschehen auf der Straße bei dir – anders als bei deinen Brüdern – eher Ängste ausgelöst. Haben die Jungen dir erzählt, dass sie einmal zwischen die Fronten geraten sind und dein Bruder Fritz einen Schlag auf den Kopf abbekam? Für sie ähnelt das Ganze mehr einer spannenden »Kloppe« auf einem Abenteuerspielplatz. Was für die Jungen Spiel ist, bedeutet bitteren Ernst für viele andere. Nach der Übertragung der politischen Gewalt an die Nationalsozialisten und ihre rechtskonservativen Verbündeten 1933 werden politische Gegner, darunter vor allem Kommunisten, Sozialdemokraten und Gewerkschafter, verfolgt, widerrechtlich inhaftiert und ermordet. Das alles geschieht in eurer unmittelbaren Nachbarschaft. Am 1. April 1933 marschieren SA-Truppen durch

Oberhausen, postieren sich vor jüdischen Geschäften und drangsalieren die jüdischen Geschäftsleute.[3]

Ich bin sicher, dass ihr zu Hause darüber redet, denn die Geschäfte gehören seit vielen Jahren zu eurem Alltagsleben. Noch gibt es 105 jüdische Geschäfte in der Stadt, 1934 sind es nur noch 65. Einige Zeit nach dem Novemberpogrom 1938 wird kein einziges mehr existieren.[4]

Als deine Mutter Anfang des letzten Jahrhunderts Lehrmädchen im Kaufhaus Hirschland war, lebte sie einige Jahre im Haus der jüdischen Eigentümerfamilie Rosenthal und von daher kannte sie zweifellos deren Kinder Erich und Otto. Du teilst mit den beiden nicht nur den Geburtsort Sterkrade – viele Jahrzehnte später finde ich die Namen von Otto und Erich Rosenthal im Gedenkbuch für Opfer der Verfolgung der Juden unter der nationalsozialistischen Gewaltherrschaft.[5] Beide wurden 1942 nach Auschwitz deportiert und dort ein Jahr später im Namen derselben Ideologie vergast wie du. Und noch eine weitere unheilvolle Verbindung existiert zwischen euch. Dein Mörder, der »Euthanasie«-Arzt Horst Schumann, war ab 1942 als Lagerarzt in Auschwitz an medizinischen Experimenten und an der Selektion von Häftlingen beteiligt.[6] Er könnte dort auch Otto und Erich begegnet sein.

Du kannst nicht protestieren in jenen Anfangsjahren des Terrorregimes, als die unheilvollen Vorzeichen schon so deutlich zu erkennen sind. Aber was ist mit deiner Familie und den vielen anderen in eurer Nachbarschaft? Ich möchte so gerne glauben, dass deine Mutter weiterhin mit dir in den vertrauten jüdischen Geschäften einkauft und damit riskiert, dass man ihr Bild beim Verlassen eines Geschäftes in der Sterkrader Mitte öffentlich ausstellt. Doch es ist eher zu bezweifeln, dass ausgerechnet sie zu den wenigen gehört, die genug Zivilcourage aufbringen, um sich im Alltag dem System des NS-Staates zu verweigern oder gar zu widersetzen. Noch bei den Reichstagswahlen im November 1932 ist in Oberhausen die kommunistische Partei zweitstärkste politische Kraft hinter dem katholischen Zentrum. Bei der Volksabstimmung im August 1934, mit der sich Hitler als Führer und Reichstagskanzler bestätigen lässt, liegt die Stadt jedoch mit 98,5 Prozent Ja-Stimmen an der Spitze aller Großstädte im Reich.[7] Ihr ahnt noch nicht, auf welchen Abgrund euer Leben zutreibt.

Umzug nach Mülheim an der Ruhr (1934)

Liebe Anna, nicht nur die politischen Ereignisse überschlagen sich mit dramatischen Folgen, auch das private Leben eurer Familie erfährt im Herbst 1934 einschneidende Veränderungen. Die Ehe der Eltern ist unwiderruflich gescheitert. Zu den persönlichen

Problemen kommt der endgültige wirtschaftliche Ruin. Deine Mutter verlässt mit dir und deinen beiden jüngeren Brüdern euer Elternhaus in Sterkrade und bezieht eine kleine Wohnung in der Nachbarstadt Mülheim an der Ruhr. Der damit verbundene, nach außen sichtbare soziale Abstieg belastet sie stark. In den darauffolgenden Jahren hält sie die kleine Familie notdürftig über Wasser. Mein Vater konnte sich noch gut an die Armut jener Jahre und das verzweifelte Bemühen eurer Mutter erinnern, den äußeren Schein zu wahren.

Was mag der Umzug für dich bedeutet haben? Du wirst aus deinem vertrauten heimatlichen Umfeld gerissen, deine Freundinnen aus der Gemeinde fehlen dir vermutlich sehr. In Sterkrade hast du dich sicher gefühlt und bist gerne alleine spazieren gegangen. Nun traust du dich wahrscheinlich nicht mehr aus dem Haus. Die neue Wohnung, das Haus, die Straßen und vor allem die Menschen sind dir völlig fremd. Da du ein ängstlicher und schüchterner Mensch bist, sitzt du bestimmt tagsüber meistens alleine in der kleinen Wohnung und weißt nicht viel mit dir anzufangen. Wie einsam magst du dich gefühlt haben? Schon in Bonn hat man festgestellt, dass du überaus »antriebsarm und passiv« bist. Du musst zu jeder Arbeit aufgefordert werden und beschäftigst dich nur selten spontan mit einer Sache. Damals schrieb man über dich: »A. ist ein sehr ruhiges Mädchen. Sie beteiligt sich fast nie

beim Spiel der Kinder. Die meiste Zeit sitzt sie da und schaut nur so vor sich hin. Hat A. ein Buch, so blättert sie eine kurze Zeit darin herum und legt es wieder weg. In den ersten Tagen hat A. fast nichts gegessen, sie meinte dann schneller nach Hause zu kommen.«
Überhaupt ist dein Essverhalten ein großes Problem, das auch bei deiner späteren Untersuchung 1936 angesprochen wird. Du isst schlecht und meist nur gezwungenermaßen. In Sterkrade war deine Mutter immer zu Hause und konnte auf dich achten. Es ist nachvollziehbar, dass sie sich nun große Sorgen um dich macht, wenn sie die Wohnung für viele Stunden verlässt, um zur Arbeit zu gehen.

Schule und Propaganda

Liebe Anna, beim Umzug nach Mülheim ist dein Bruder Fritz fast 14 Jahre alt. Im Gegensatz zu dir gewöhnt er sich ziemlich schnell an die neue Umgebung in dem beschaulichen Mülheimer Vorort Saarn und findet Freunde in der Nachbarschaft, im Sportverein und in der Schule. Er ist viel unterwegs und nicht mehr der kleine Bruder aus Kindertagen, mit dem du so gerne gespielt hast. Die Schule tut vielleicht ihr Übriges, um euch voneinander zu entfremden.
Während seiner Schulzeit wird der Unterricht nach und nach an die nationalsozialistische Denkweise

angepasst. Man versucht, die Ideologie der »reinen arischen Rasse« und des »gesunden Volkskörpers« in die Köpfe der Kinder und Jugendlichen einzupfropfen. Typische Beispiele sind der NS-Propaganda entlehnte Rechenaufgaben wie diese: »Der jährliche Aufwand des Staates für einen Geisteskranken beträgt im Durchschnitt 766 RM, ein Tauber oder Blinder kostet 615 RM, ein Krüppel 600 RM. In geschlossenen Anstalten werden auf Staatskosten versorgt: 167 000 Geisteskranke, 8300 Taube und Blinde, 20 600 Krüppel. Wie viel Mill. RM kosten diese Gebrechlichen jährlich? Wie viel erbgesunde Familien könnten bei 60 RM durchschnittlicher Monatsmiete für diese Summe untergebracht werden (…)?«[8] Das ist Erziehung zur Unmenschlichkeit und lässt ahnen, wie der Boden vorbereitet wird, auf dem man am Ende die Vernichtung »unwerten Lebens« vollzieht. Im Biologieunterricht werden »Vererbungslehre« und »Rassenkunde« eingeführt, damit die Schüler »an der rassischen Aufartung des deutschen Volkstums bewusst mitarbeiten«.[9]

Im Nachlass deines Bruders finde ich ein mehrfach gefaltetes, vergilbtes Blatt, auf dem der Schüler Fritz Lehnkering mit penibler Sütterlinschrift eine »Voreltern-Tafel« erstellt hat. Was mag ihm bei solchen oder ähnlichen Aufgaben durch den Kopf gegangen sein? Wird er unmerklich indoktriniert oder durchschaut er die Absicht? Denkt er an seine Schwester, die als »wertlos« und »minderwertig« diskriminiert wird? Ich vermute, dass er mit niemandem – auch nicht mit dir – darüber spricht, denn er ist vom Naturell her sowieso ein zurückhaltender Typ. In der Sippentafel, die in jenen Jahren erstellt wird, beschreibt man seinen Charakter als »still und zurückgezogen«. Auch mit mir hat er nie darüber gesprochen, ob er damals eine Verbindung von dir, deiner Beeinträchtigung und deinem Schicksal zur NS-Ideologie gezogen hat. Ich habe versäumt, ihn genauer danach zu fragen.

»Gesetz zur Verhütung erbkranken Nachwuchses« (1933)

Liebe Anna, schon seit Zeiten der Weimarer Republik liegt ein Gesetz zur freiwilligen Sterilisierung aus eugenischer Indikation in der Schublade. Als am 14. Juli 1933 das »Gesetz zur Verhütung erbkranken Nachwuchses« (GzVeN) als erstes Rassengesetz im Nationalsozialismus erlassen wird, ist es keine Erfindung der Nationalsozialisten, sondern aus Kontinuitäten im Denken erwachsen, die in jahrzehntealten eugenischen und rassenhygienischen Ideen wurzeln. Doch erst in der nationalsozialistischen Zeit werden die politischen Instrumente geschaffen, die eine brutale und menschenverachtende Umsetzung dieser Ideen ermöglichen. Es gibt einen entscheidenden Unterschied zur Weimarer Zeit: Das ist die im Gesetz vorgesehene zwangsweise Sterilisation. Das Gesetz ordnet an: »Wer erbkrank ist, kann durch chirurgischen Eingriff unfruchtbar gemacht (sterilisiert) werden, wenn nach den Erfahrungen der ärztlichen Wissenschaft mit großer Wahrscheinlichkeit zu erwarten ist, dass seine Nachkommen an schweren körperlichen oder geistigen Erbschäden leiden werden.«[10] Ganz oben auf der Liste steht die Unfruchtbarmachung von Menschen mit »erblichem Schwachsinn«. Darüber hinaus trifft es Menschen, die an körperlichen Behinderungen oder einer psychischen Krankheit leiden oder lediglich im Verdacht einer solchen Krankheit stehen. Neben der »Erblichkeit« sind »Leistungsfähigkeit« und »Brauchbarkeit« entscheidende Kriterien für die Selektion. Wer nach Ansicht der Nationalsozialisten – aus welchen Gründen auch immer – nicht in den »gesunden und leistungsstarken Volkskörper« passt, wird von der Fortpflanzung ausgeschlossen. Dazu gehören viele sozial schwache Menschen. Dahinter verbirgt sich ein mit utilitaristischen Motiven gepaartes rassistisches Menschenbild.

Laut Ausführungsverordnung zum GzVeN sind jeder Arzt und jede Person, »die sich mit der Heilbehandlung, Untersuchung oder Beratung von Kranken befassen«, verpflichtet, dem zuständigen Amtsarzt unverzüglich Anzeige zu erstatten, wenn ihm eine Person mit einer »Erbkrankheit« oder »schwerem Alkoholismus« bekannt ist. Die Folge ist ein gigantischer bürokratischer Erfassungsapparat, der Tor und Tür öffnet, um missliebige Mitbürger zu denunzieren. Nach Schätzungen werden nahezu eine Million Menschen beim Amtsarzt zwecks Sterilisation »angezeigt«.[11] Bei der Umsetzung des GzVeN arbeiten Anstalten, Gesundheitsämter, Jugendämter, Polizeidienststellen und andere Behörden mit den Erbgesundheitsgerichten beflissen Hand in Hand. Bis 1945 werden etwa 360 000 Menschen auf der Grundlage des Gesetzes zwangssterilisiert. Man schätzt, dass bis zu 6000 Menschen an den Folgen der Eingriffe sterben, eine genaue Zahl lässt sich nicht ermitteln.

Erb- und Rassenhygiene in Oberhausen und Mülheim

Liebe Anna, nicht nur du, die gesamte Familie ist inzwischen unmerklich in die Maschinerie der nationalsozialistischen Erbgesundheitspolitik geraten. Die Komplizenschaft der Verwaltungen im Dienste der »Erbgesundheit der Volksgemeinschaft« funktioniert, wie du schon sehr bald am eigenen Leib spüren wirst. Nach der Ideologie der Rassenhygieniker sollen nur »Erbgesunde« der »Volksgemeinschaft« angehören.

Nur die »Volksgemeinschaft«, nicht der Einzelne zählt. Ziel ist einerseits die Förderung »erbtüchtiger« Familien, andererseits sollen Menschen mit »schlechten Erbanlagen« aus dem »Volkskörper« ausgeschlossen werden. Um solche Menschen zu erfassen, wird in Mülheim – wie überall – eine Kartothek aller »erbminderwertigen« Familien aufgebaut.[12] Dazu gehört auch unsere Familie. 2004 erhalte ich aus dem Mülheimer Stadtarchiv die Kopien von drei Karteikarten dieser Erbgesundheitskartei mit Informationen über einzelne Familienmitglieder.
Ein typisches Beispiel für den Ungeist jener Zeit ist die 1936 vorgelegte Dissertation des Oberhauseners Wilhelm Lohoff mit dem Titel »Erbhygienische Untersuchungen an Hilfsschulkindern in den Städten Oberhausen (Rhld.) und Mülheim an der Ruhr«.[13] Lohoff erlangt damit die Doktorwürde der Universität zu Münster. Mit seinen Untersuchungen will er »einen Beitrag liefern zu den Fragen der Erblichkeit des Schwachsinns und dessen rassenhygienischer, ernster Bedeutung, die in der überdurchschnittlichen Vermehrung der Minderwertigen liegt«, und er behauptet, dass es durch die »ungleiche Vermehrungsziffer zur allmählichen Überwucherung der geistig und körperlich Minderwertigen über die hoch- und vollwertigen Glieder des Volkes« kommen müsse. Er beklagt, dass in einer »Zeit mit falschem sozialem Empfinden« horrende Summen für

die »erblich und wirtschaftlich Untüchtigen« ausgegeben werden.[14]
Lohoff führt seine Untersuchungen an 703 Oberhausener und 195 Mülheimer Hilfsschulkindern durch. Den auffälligen Unterschied, was die Anzahl der Hilfsschulkinder der beiden Orte anbelangt, führt er vor allem auf rassische Gründe zurück und macht dafür den Zuzug von »fremdländischem« Volk nach Oberhausen, besonders von Slowaken und Polen, verantwortlich, während in der alten Handels- und Schifferstadt Mülheim mit ortseingesessener Bürgerschaft und vielseitigem Gewerbe die »Überschwemmung mit artfremden Menschen unterblieb«[15]. Er erwähnt zwar, dass vor allem in Oberhausen viele Arbeiterfamilien »dichtgepfercht in eiligst erbauten Miethäusern« leben, doch seine Untersuchungen lassen ihn zu dem Schluss kommen, »dass die schlechten Milieuverhältnisse mehr äußerer Ausdruck der geistigen Minderwertigkeit sind als Ursache einer solchen, andererseits, dass der Vererbung der größte Teil bei der Entstehung des jugendlichen Schwachsinns einzuräumen ist«[16].
Das vorbestimmte Resultat seiner fragwürdigen Studien ist, dass angeblich mehr als zwei Drittel der Kinder durch »krankes Erbgut« der Eltern belastet seien und »Schwachsinn« also zum weitaus größten Teil erblich sei. Lohoff folgert daraus, dass man dieser rassenhygienischen Gefahr nur durch

Unfruchtbarmachung begegnen könne. Für die amtliche Erfassung sei die Hilfsschule besonders geeignet, da sich dort die meisten Debilen und Imbezillen befänden.[17] Tatsächlich leisten die Hilfsschulen als »Sammelbecken der Minderwertigen« bei der bürokratischen Erfassung der Betroffenen hilfreiche Handlangerdienste. Lohoff erwähnt, dass er sich bei seiner Untersuchung auf die Zuarbeit der Hilfsschullehrer und Stadtfürsorgerinnen stützen konnte. In deinem Wohnort Mülheim kann Lohoff sogar auf die Ergebnisse der neu eingerichteten Abteilung für Erbforschung zurückgreifen, wo auch du »erfasst« bist. Aufschlussreich finde ich in dem Zusammenhang das Fazit von Dr. Otto Beyreis, dem Leiter des Mülheimer Gesundheitsamtes, der Ende 1935 feststellt: »Bei der Durchführung des ›Gesetzes zur Verhütung erbkranken Nachwuchses‹ haben sich hier keine ernstlichen Widerstände gezeigt. Insbesondere ist nicht beobachtet worden, dass von kirchlicher Seite unerlaubte Hetze gegen das Gesetz getrieben worden ist.«[18] Ein Jahr zuvor hat Beyreis das Mülheimer Schulamt angewiesen, ihm »eine Liste von sämtlichen Hilfsschulkindern, die Ostern 1934 zur Entlassung kommen, auszufertigen«. Er bittet, »bei den Kindern, die von den Lehrern für geistesschwach oder epileptisch gehalten werden, einen kurzen Bericht des Lehrers anzufordern und eine Abschrift des Schulentlassungszeugnisses beizulegen«. Beyreis verweist auf »die Absicht, die Unfruchtbarmachung bei den unter das Gesetz fallenden Kindern im Laufe der nächsten Zeit durchzuführen«.[19] Wie ich später feststellen werde, wird er sich auch in deinem Fall maßgeblich an der reibungslosen Umsetzung des Gesetzes beteiligen.

Annas Zwangssterilisierung

Liebe Anna, erst kurz vor Drucklegung dieses Buches erhielt ich nach längerem bürokratischen Hin und Her Einsicht in Akten des Oberhausener Stadtarchivs. Es handelt sich dabei um mehr als 40 Schriftstücke aus den Jahren 1934 und 1935, die sich ausschließlich auf die »Erbgesundheitssache Anna Lehnkering«, also auf deine Zwangssterilisation beziehen. Bereits in deiner Bonner Patientenakte gab es ein Schreiben des Erbgesundheitsgerichtes Duisburg, in dem um die »umgehende Zusendung der Vorgänge« in Bonn ersucht wurde. »Eilt sehr«, schrieb man im Oktober 1934. Nun finde ich neue Verbindungslinien, die deutlich machen, mit welch bürokratischer Akribie und welchem Aufwand das Gesetz zur Verhütung erbkranken Nachwuchses umgesetzt wurde. Adressaten sind in deinem Fall vor allem die Gesundheitsämter und Amtsgerichte in Oberhausen und Mülheim, das Erbgesundheitsgericht in Duisburg sowie das Mülheimer evangelische Krankenhaus. Durch deinen

Umzug nach Mülheim ist zwar eine gewisse Konfusion entstanden, doch das Netzwerk im Namen der »Erbgesundheit« arbeitet effizient. Das belegen auch die Schreiben des Mülheimer Kreisarztes Dr. Otto Beyreis und des Rektors deiner Sterkrader Hilfsschule. Aus den Unterlagen geht nicht eindeutig hervor, wer dich beim Gesundheitsamt denunziert hat. Es spricht einiges dafür, dass die Anzeige von dem in Sterkrade niedergelassenen Facharzt für Innere Medizin und Nervenkrankheiten Dr. Rudolf Creifelds erstattet wurde. In seiner fachärztlichen Bescheinigung schreibt er über dich bereits im Juli 1934 an den Oberhausener Medizinalrat und Kreisarzt Dr. Ludwig Fleischer: »Es handelt sich um einen beträchtlichen angeborenen Schwachsinn. Heil Hitler! Dr. Creifelds.«

Zentraler Bestandteil der Akte ist der Antrag auf deine »Unfruchtbarmachung« beim Erbgesundheitsgericht Duisburg, den der Gesundheitsamtsleiter Dr. Fleischer im September 1934 stellt. Dazu gehört sein mehrseitiges amtsärztliches Gutachten, das den Befund »angeborener Schwachsinn« belegen soll. Zur Untermauerung der Diagnose dient außerdem ein beigefügter Intelligenzprüfungsbogen. Es stellt sich heraus, dass du Begriffe wie »Treue, Frömmigkeit, Ehrerbietung, Bescheidenheit« nicht erklären kannst. Dein abgefragtes Schulwissen erweist sich insgesamt als lückenhaft. Beispielsweise weißt du nicht, wer Bismarck ist, und zu Luther fällt dir nur ein, dass

er ein Doktor war. Solche Fragen sind zwar übliche Bestandteile von Intelligenztests, trotzdem erschließt sich mir der Sinn von derartigem »bildungsbürgerlichen Ballast« in diesem Zusammenhang nicht. Das hat doch nichts mit dir und deinem Leben zu tun, geschweige denn damit, wie du es bewältigst. Im Bereich »Allgemeines Lebenswissen« ist dir der Unterschied zwischen einem Staatsanwalt und einem Rechtsanwalt unbekannt. Dagegen kennst du sowohl die Preise der gebräuchlichen Lebensmittel als auch die Geldsorten, was ich viel wichtiger finde. In der Rubrik »Sittliche Allgemeinvorstellungen« antwortest du ganz lebenspraktisch auf die Frage: »Was darf man mit gefundenen 5 – 20 – 500 RM machen?« »Auf dem Amt abgeben.« Einige der Äußerungen des Medizinalrates Dr. Fleischer klingen schlimm und abwertend in meinen Ohren. Im »psychischen Befund« bezeichnet er deine Stimmungs- und Affektlage als »stumpf« und vermerkt dein »blödes Aussehen«. Kein einziges deiner Fotos entspricht auch nur ansatzweise dieser beleidigenden Beschreibung.
Die Verhandlung des Erbgesundheitsgerichts Duisburg findet am 19. Dezember 1934 statt. Aus den Unterlagen geht hervor, dass du mit deiner Mutter zum Gerichtstermin geladen bist: »In der Erbgesundheitssache Anna Lehnkering erschienen bei Aufruf: Die Unfruchtbarzumachende, die zur Sache gehört wurde, (…) die Mutter, die als Zeugin informatorisch

gehört wurde.« Sehr wahrscheinlich macht ihr euch an jenem Mittwoch im Dezember wie immer per Straßenbahn auf den Weg in die Nachbarstadt Duisburg. Deine Mutter weiß, worum es geht, denn Dr. Fleischer hat sie Wochen vorher »über das Wesen und die Folgen der Unfruchtbarmachung aufgeklärt« und ihr auch ein »Merkblatt« ausgehändigt. Spricht sie mit dir über den Anlass dieser Fahrt? Versucht sie, dich auf das Kommende vorzubereiten? Als ihr in Duisburg ankommt, ist es bereits dunkel, denn die Verhandlung findet erst um halb sechs am Abend statt. Ich kann mir vorstellen, dass euch beim Betreten des Gerichts beklommen zumute ist und dass ihr die Befragung in Anwesenheit der amtlichen Autoritätspersonen als einschüchternd empfindet. In aller Regel werden die Beschlüsse im Fließbandverfahren gefasst. Die vorliegenden Gutachten werden überwiegend ungeprüft übernommen und die Vernehmung der Zeugen ist eher flüchtig.[20] Wie demütigend muss das alles für dich und deine Mutter sein.

Aus der »Berechnung der Gebühren für Zeugen« geht hervor, dass man euch um 19 Uhr entlässt. Behördendeutsch: »Zur Deckung der Auslagen für Zeitversäumnis und Reiseentschädigung« erhaltet ihr jeweils eine Reichsmark, denn »die Unfruchtbarzumachende ist bestimmungsgemäß zu entschädigen«. Deine Mutter hat zu dieser Zeit jeden Pfennig bitter nötig. Sie wird froh sein über die zwei Markstücke.

Im Januar 1934 wird euch der Beschluss des Erbgesundheitsgerichts »in Sachen betreffend die Unfruchtbarmachung der Anna Lehnkering« per Postzustellungsurkunde ausgehändigt. Er lautet wie zu erwarten: »(…) wegen angeborenen Schwachsinns hat das Erbgesundheitsgericht bei dem Amtsgericht in Duisburg in der Sitzung vom 19. Dezember 1934 unter Mitwirkung des Amtsgerichtsrats Dr. Kerkhoff, des Medizinalrats Dr. Schürmann und des praktischen Arztes Dr. Wossidlo beschlossen: Die Unfruchtbarmachung der Genannten wird angeordnet.« Das Gericht befindet, dass »die gesetzlichen Voraussetzungen der Unfruchtbarmachung gegeben« sind, und ist der »Überzeugung, dass es sich um angeborenen Schwachsinn handelt. Nachkommenschaft muss daher verhütet werden, (…).«[21]
Am 18. Februar 1935 wirst du im Evangelischen Krankenhaus der Stadt Mülheim an der Ruhr zwangssterilisiert. Im ärztlichen Bericht liest sich das so: »Die an Schwachsinn leidende Anna Lehnkering ist am 18. Februar 1935 von Dr. Krause unfruchtbar gemacht worden. Art der Unfruchtbarmachung: Bei dem Eingriff wurden die Eileiter-Keimdrüsen nach Madlener[22] abgequetscht und unterbunden.«
Vermutlich begreifst du gar nicht, was dir mit der Zwangssterilisation angetan wird. Für diese Vermutung spricht ein Foto, das dich zur Zeit deiner Unfruchtbarmachung im Garten des Mülheimer

Krankenhauses zeigt – eine unbekümmert lächelnde junge Frau. Du hast offensichtlich keine Angst. Im Gegenteil, du scheinst gerne dort zu sein, denn du fühlst dich bei den Diakonissen, deren Tracht dir aus Kaiserswerth und aus deiner heimatlichen Kirchengemeinde so vertraut ist, geborgen. Erklärt dir jemand, was hier passiert? Warum? Und wie? Wahrscheinlich nicht, denn das gehört nicht zum üblichen Vorgehen.

In den Patientenakten steht, dass deine Einstellung zum anderen Geschlecht nicht »anormal« ist und dass du nicht zu »unsittlichen Handlungen« oder zum »Vagabondieren« neigst. Im amtsärztlichen Gutachten von Dr. Fleischer werden »keine sexuellen Perversionen« festgestellt. Wie sehr man in dein Intimleben hineinschnüffelt. Du bist eine hübsche junge Frau. Kein Wunder, dass du laut Aussage deiner Mutter verschiedentlich von jungen Leuten angesprochen wurdest, die »Annäherung an dich suchten«. Doch du bist auch sehr arglos und naiv. Ich kann nicht ganz ausschließen, dass deine Mutter vielleicht sogar insgeheim froh ist, die Sorge um eine ungewollte Schwangerschaft ihrer 19-jährigen Tochter los zu sein.

Ein Nachtrag zum Medizinalrat Dr. Fleischer: Neben seiner Rolle als Antragsteller nahm er zudem allein im Verlauf des Jahres 1934 an 244 Gerichtsverfahren als ärztlicher Beisitzer teil.[23] Heute weiß ich, dass er einer der vielen Täter war, die in der Nachkriegszeit

15 Anna vor dem Krankenhaus, wo sie 1935 zwangssterilisiert wird

nur halbherzig zur Verantwortung gezogen wurden. So wurde seine 1946 zunächst erfolgte Suspendierung vom Amt mit der Begründung aufgehoben, dass er »Geisteskranke« nur nach Auftrag sterilisiert habe. Das sei an sich nichts Außergewöhnliches, da die Anwendung schon seit Jahren nicht nur in Deutschland, sondern auch im Ausland ohne Störung gehandhabt werde.[24] Man bezog sich damit auf die Tatsache, dass es seit Jahren Sterilisationsgesetze in den USA und in anderen europäischen, insbesondere den skandinavischen Ländern gebe. In den USA wurden beispielsweise bis Ende der 1970er-Jahre Menschen gegen ihren Willen unfruchtbar gemacht, weil sie als »geisteskrank«, »gemeingefährlich« oder aus anderen Gründen als der Fortpflanzung unwürdig galten. In Deutschland wurde das Erbgesundheitsgesetz zwar 1974 außer Kraft gesetzt, doch formal bestand es weiter. Erst 2007 erfolgte seine Ächtung im Deutschen Bundestag – eine Rechtslage, die für Laien wie mich ziemlich kompliziert und undurchschaubar ist. Kein Wunder, dass nach 1945 weder die Amtsärzte noch die Krankenhausärzte ernsthaft zur Rechenschaft gezogen wurden. Man machte es ihnen leicht, weiter an die wissenschaftliche und politische Legitimation ihres Tuns zu glauben. Im Mülheimer Krankenhaus gab es wie überall personelle Kontinuitäten. Dein Operateur, der angesehene Chefarzt der Gynäkologie Dr. Heinrich Krause, wurde 1962 nach

36 Dienstjahren ehrenvoll in den Ruhestand verabschiedet.[25] Ob ihm jemals in den Sinn gekommen ist, wie sehr er Menschen körperlich und seelisch verletzt hat? Ob er jemals über das moralische Unrecht seiner Handlungen nachgedacht hat? An seinem Beispiel wird deutlich, wie eng negative und positive Eugenik beisammenliegen. Heinrich Krause widmete sich einerseits »erfolgreich« der Aufgabe, die Fortpflanzung von »Erbkranken« zu verhindern, andererseits half er viele Jahre dabei, gesunden Nachwuchs »hervorzubringen«. Meine Geschwister und ich wurden nach dem Krieg in seiner geburtshilflichen Abteilung geboren. Es ist durchaus möglich, dass er uns auf die Welt geholfen hat. Aus heutiger Sicht ein merkwürdiges Gefühl.

Die Sippentafel

Liebe Anna, als du 1935 zwangssterilisiert wirst, ist das sicher kein Thema, das eure Mutter mit ihrem halbwüchsigen Sohn Fritz bespricht. Das Thema »Unfruchtbarmachung« wird für den 14-Jährigen wohl auch kaum von vorrangigem Interesse sein. Viel mehr interessiert ihn zu dieser Zeit, dass sein Lieblingsverein FC Schalke 04 zum zweiten Mal deutscher Fußballmeister wird. Noch Jahrzehnte später wird er sich an die Namen der Spieler und andere Details erinnern. Doch was damals mit dir geschah, darüber konnte er mir nichts sagen. Das zu verstehen fällt mir schwer, und die Frage, was die Ursache dafür sein könnte, beschäftigte mich im Verlauf meiner Spurensuche außerordentlich.

Als ich 2004 die Sippentafel der Familie in Händen halte, finde ich darin eine mögliche Erklärung für die komplette Tabuisierung der Themen Zwangssterilisation und »Euthanasie« in unserer Familie. Im Interesse der »Höherentwicklung der eigenen Rasse« planen die NS-Rassenhygieniker, nach und nach die gesamte deutsche Bevölkerung »erbbiologisch zu erfassen«, und Sippentafeln bilden eine wichtige Grundlage für die Urteile der Erbgesundheitsgerichte in den Sterilisationsverfahren gegen »erbminderwertige« Menschen.

Die Sippentafel unserer Familie ist Bestandteil deiner Patientenakte aus Bedburg-Hau. Sie erfasst 24 Personen der Großeltern-, Eltern- und »Prüflingsgeneration«. Man muss sich unter anderem eines perfiden Systems von Denunzianten bedient haben, um die Informationen über die Großeltern, Eltern, Brüder, Tanten, Onkel, Cousins und Cousinen zu sammeln. Mein Vater erinnerte sich noch gut an die Aufregung von Mutter und Tante, weil unbekannte Personen in den 1930er-Jahren eine Zeit lang in der Sterkrader Nachbarschaft »merkwürdige« Fragen über die Familie stellten. Aus heutiger Sicht liegt die Vermutung

Anstalt: Prov. Heil- u. Pflegeanstalt Bedburg-Hau. (Kr. Kleve)

Nr. der Akte: 92

Sippentafel

Familienname des Prüflings L e h n k e r i n g
(bei Frauen, Adoptivkindern, Namensänderungen auch Geburts- und frühere Namen)

Sämtliche Vornamen (Rufname unterstreichen) A n n a

geb. am 2. August 1915 in Oberhausen – Sterkrade
(Ort, Kreis, Land)

zur Zeit wohnhaft in M ü l h e i m – Saarn Dieseldorferstrasse 145
(genaue Anschrift)

Sippentafel aufgestellt am ....19...... durch Dr. W i n k e l
(Name)

Nachträge ~~am~~ durch Ob.Arzt Dr.Schnitzler .... Anstaltsarzt
(Beruf)
Prov. Heil- u. Pflegeanstalt Bedburg-Hau. (Kr. Kleve)
(Anschrift)

Übersichtstafel

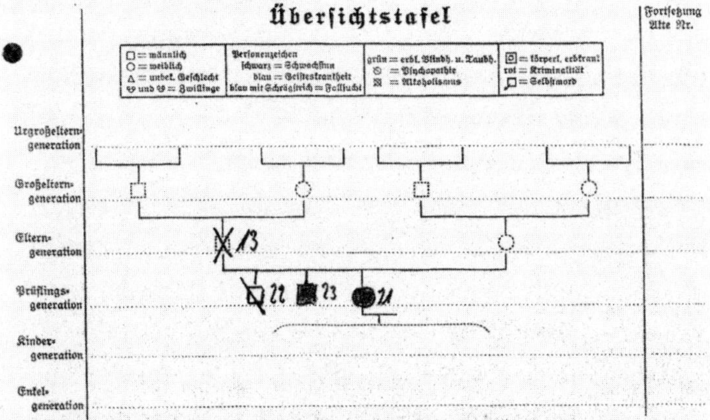

Dem Original wird ein Einlagebogen (ohne Kopf) beigegeben. Weitere Einlagebogen sind bei Bedarf von dem Ausfüllenden beizulegen.

24 erfaßte Personen

Form. B 18.

16 Sippentafel aus der Patientenakte der Heil- und Pflegeanstalt Bedburg-Hau, 1936 nahe, dass es sich um Mitarbeiter des Gesundheitsamtes handelte. Das Ergebnis der Bespitzelungen – eine Mischung aus Wahrheit und Lüge – kann man in der mit pseudowissenschaftlichen Begriffen getarnten Sippentafel nachlesen.

Neben Personendaten gibt es Rubriken wie »Körperbautyp, vorwiegender Rasseanteil, frühere und jetzige körperliche und seelische Erkrankungen, Charaktereigenschaften«. Die Erfassung von auffallenden Begabungen macht deutlich, dass die Sippentafel auch der positiven Eugenik dienen sollte. In der Rubrik »Körperbautyp und vorwiegender Rasseanteil« finden sich in unserer Familie athletische, pyknische, leptosome, fälische, westische und nordische Menschen – kurz und gut eine Ansammlung verschiedenster Typen. Du bist nicht die einzige mit einem »Makel« behaftete Person auf dieser Tafel. Auf der Übersicht werden drei weitere Verwandte als »erblich minderwertig« diskriminiert. Dazu gehört dein Vater, der zum Zeitpunkt der Erhebung schon lange tot ist. Seine Alkoholkrankheit wird hier mit dem abwertenden Zusatz »liederlich« vermerkt. Sogar sein viele Jahre zurückliegender Aufenthalt in der »Trinkerheilanstalt« ist mit genauem Datum vermerkt. Ein weiterer Verwandter »wirkt« angeblich schizoid. Ich habe ihn später kennengelernt. Er lebte bis in sein hohes Alter ein gesundheitlich völlig unauffälliges Leben. Ein anderer Angehöriger wurde als junger Mann mit der Diagnose

»Schizophrenie« zwangssterilisiert. Er hatte unglaubliches Glück und entkam der »Euthanasie«. Nach dem Krieg wurde festgestellt, dass er unter einer manisch-depressiven Erkrankung litt. Er starb im hohen Alter nach einem privat und beruflich erfüllten Leben.

Die Auflistung der Charaktereigenschaften unserer Familie würde eher zum Lachen reizen, wenn der Anlass nicht so traurig wäre. Die höchst willkürliche Aufzählung reicht von liederlich, überschwänglich, still, euphorisch, hyperästhetisch, zurückgezogen, schwunglos, leichtsinnig bis hin zu gutmütig und intelligent. Selbst Linkshändigkeit ist als Charaktereigenschaft vermerkt. Der Charakter deines Cousins, damals Student der Theaterwissenschaften, wird als »etwas eigenartig« beschrieben – nicht nachvollziehbar, dass ein solcher Unsinn von Ärzten unterzeichnet wurde.

Doch egal, wie wahr oder unwahr die Eintragungen sind, wir sind sicherlich – wie jede Familie – eine bunte Mischung von Individuen mit verschiedenen Anlagen, Fähigkeiten und Neigungen, deren Entwicklungen von vielfältigen äußeren Einflüssen geprägt wurden und werden. Heute weiß man, dass psychische Störungen, geistige Behinderungen und viele andere Erkrankungen häufig sind, viel häufiger, als viele denken. In eigentlich jeder Familie gibt es Mitglieder, die auf die eine oder andere Art und Weise gesundheitliche Schwächen haben. Manche

Leukämien und andere Krebsarten, insbesondere Brustkrebs, sind zu großen Teilen erbliche Krankheiten. Die bei dir beobachteten Krankheitssymptome beziehungsweise Behinderungen kamen bisher in unserer Familie nicht mehr vor. Letztendlich ist es aber aus meiner Sicht völlig unerheblich, ob deine Krankheit erblich oder nicht erblich ist. Kein Grund der Welt rechtfertigt das, was dir angetan wurde.

HEIL- UND PFLEGEANSTALT BEDBURG-HAU

Einweisung

Liebe Anna, das Mülheimer Krankenhaus ist ein schicksalhafter Ort für dich. Anderthalb Jahre nach deiner Zwangssterilisation bist du erneut als Patientin dort, diesmal wegen einer Nierenerkrankung. Kurz nach deiner Einlieferung führt der Arzt Dr. Müller ein Gespräch mit deiner Mutter. Er konstatiert, dass Anstaltspflege notwendig sei, »wegen mangelnder häuslicher Pflege, weil bei ungeeigneter Aufsicht jegliche Nahrung abgelehnt werde«.[1] Unmittelbar nach deiner Entlassung aus dem Krankenhaus bringt dich deine Mutter am 21. Dezember 1936 in die Provinzial-Heil- und Pflegeanstalt Bedburg-Hau, in der Nähe von Kleve am Niederrhein gelegen. Eventuell beugt sie sich dem Druck der ärztlichen oder behördlichen Autorität, vielleicht ist sie aber tatsächlich nicht mehr in der Lage, sich ausreichend um dich zu kümmern, und sieht in ihrer verzweifelten Notlage keinen anderen Ausweg. Trotzdem – ich kann es nicht nachvollziehen, was sie dazu bewogen haben könnte, ihr Kind drei Tage vor Weihnachten in einer Anstalt

Halbruhigenhaus.

17 Gebäude in der Heil- und Pflegeanstalt Bedburg-Hau

»abzugeben«. Zweifellos bedeutet deine Einweisung nach Bedburg-Hau eine Zäsur für die Familie. Wie sich später zeigen wird, ist es für deine Mutter ein traumatisches Erlebnis, das sie wie die ganze Familie verdrängt.

Möglicherweise seid ihr beide, du und deine Mutter, bei eurer Ankunft in Bedburg-Hau zunächst ganz angetan von der Umgebung. Die zahlreichen, einzeln stehenden Gebäude der Anstalt sind eingebettet in ein parkartiges Gelände mit hohen Bäumen und Rasenflächen. Und obwohl mehr als 3000 Patienten und viele Angestellte dort leben, erweckt das Ganze eher den Anschein einer Gartenstadt. Wie groß

muss der Schock sein, als du nach der Aufnahmeprozedur den Schlafsaal mit den zahlreichen Metallbetten betrittst, der so oder so ähnlich in den nächsten Jahren dein Zuhause sein wird. Es gibt unter unsäglich beengten Bedingungen noch nicht einmal Kleiderschränke oder Nachtschränke für private Gegenstände. Doch am Tag deiner Aufnahme bist du vermutlich beeindruckt und auch verschüchtert. Man schreibt über dich: »Patientin war in Begleitung ihrer Mutter. Ist ruhig, still. Gibt auf Fragen Antwort. Wirkt schwachsinnig.« Womöglich hättest du dich anders verhalten und dich laut und heftig gewehrt, wenn du gewusst hättest, dass deine Mutter ohne dich nach Hause fahren würde, dass du niemals wieder ein Weihnachtsfest mit deiner Familie verbringen würdest. Du weißt nicht, dass an diesem Tag dein langsames und qualvolles Sterben beginnt. Bis zu deiner Ermordung werden noch genau drei Jahre und elf Wochen vergehen.
Zwei Tage nach der Aufnahme in Bedburg-Hau wird wie in Bonn ein körperlicher und psychischer Befund dokumentiert. Du bist jetzt 21 Jahre alt, 1,75 m groß und 66,5 kg schwer. Der körperliche Befund ist in allen Bereichen »o.B.«, also ohne Besonderheiten. Der psychische Befund ergibt, dass du zeitlich, örtlich und zur Person orientiert bist. Die auf dem Krankenblatt vermerkte Diagnose lautet »Angeborener Schwachsinn« mit dem Zusatz »erbkrank: Ja«. Ein Nachweis

für die Erblichkeit deiner Behinderung wird nicht erbracht. Es reicht wohl, dass du angeblich schwachsinnig wirkst.

Intelligenzprüfung

Um die Diagnose zu untermauern, musst du dich einer »Intelligenzprüfung« unterziehen. Die Prüfung und die Inaugenscheinnahme durch den Arzt sind die einzige Grundlage für den psychischen Befund.
Rechnen ist nicht deine Stärke. Du sagst selbst während des Tests: »Rechnen konnte ich immer schlecht.« Bei den Aufgaben 2 x 6 = ? und 10 : 2 = ? versagst du. Aber du rechnest richtig: 2 x 4 = 8 und 5 + 7 = 12. Man stellt dir Wissensfragen, die du nach bestem Vermögen beantwortest. Auf die Frage, wo Köln liege, sagst du: »Im Rheinland.« Als deutsche Flüsse kennst du Ruhr und Rhein. Adolf Hitler bezeichnest du als »Oberpräsidenten« und erwähnst in dem Zusammenhang Hindenburg, »der ja tot ist«. Die Bedeutung von Weihnachten erklärst du folgendermaßen: »Wir feiern die Geburt Christi.« Als man dich fragt, wann Weihnachten ist, weißt du das selbstverständlich genau, denn du freust dich auf das Fest. »Donnerstag ist Heiligabend«, lautet deine Antwort. Ich habe das Datum inzwischen im ewigen Kalender nachgeschlagen. Es stimmt, im Jahr 1936 fiel der Heiligabend

wirklich auf einen Donnerstag. Es macht mich unendlich traurig, dass deine Vorfreude so enttäuscht wird. Besonders rührend finde ich deine Antworten auf die sogenannten Unterschiedsfragen, denn es sind die einzigen wörtlich überlieferten längeren Sätze von dir. Sie erzeugen unmittelbare Nähe, die ansonsten nur schwer zwischen den Zeilen der Patientenakte zu finden ist. Auf die Frage nach dem Unterschied zwischen einem Zwerg und einem Kind gibst du die Antwort: »Kinder gehen zur Schule und spielen, Zwerge haben Zipfelmützen auf.« Und schließlich benennst du den Unterschied zwischen einer Treppe und einer Leiter: »Bei einer Treppe kann man sich am Geländer festhalten, eine Leiter muss man aufstellen.«
Überhaupt finde ich, dass du in dieser Stresssituation insgesamt gut abschneidest. Auf die Fragen antwortest du, wie es deine Art ist, sehr langsam und nach längerem Überlegen. Man attestiert dir, dass du während der Prüfungsprozedur ruhig und verträglich bist. Hättest du an diesem Tag geglaubt, dass deine Mutter etwa 20 Jahre später in einer vergleichbaren Situation ganz ähnliche Fragen beantworten muss? Wohl kaum.

Das Krankenblatt

Liebe Anna, es ist schwierig, sich eine Vorstellung von dem Alltagsleben und deinem Tagesablauf in

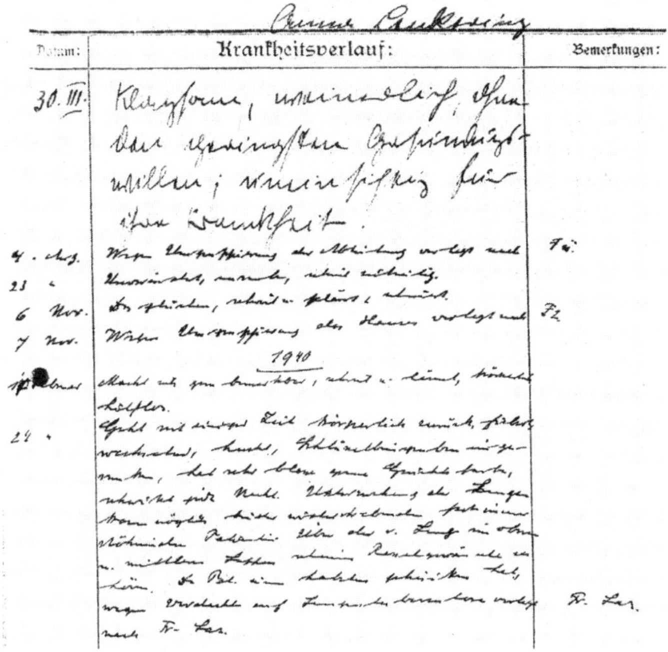

Datum:	Krankheitsverlauf:	Bemerkungen:

18 Auszug aus Annas Krankenblatt

Bedburg-Hau zu machen. Wie in vielen deutschen Anstalten zeigen sich auch dort bereits 1936 die Folgen von Überbelegung, Mangelernährung und schlechter Pflege. Der tägliche Verpflegungssatz liegt zu dieser Zeit durchschnittlich bei 46 Pfennigen, und in Bedburg-Hau sterben ebenfalls auffallend viele Patienten. »Die Euthanasie stand am Horizont.«[2]

Zwischen Dezember 1936 und Februar 1940 gibt es viele Eintragungen in deiner Krankenakte. Sie lassen jedoch nur ungefähre Rückschlüsse auf deine Lage zu, da sie vor allem durch die persönliche Sicht der Pflegenden und Ärzte bestimmt sind. Dein Krankenblatt ist teilweise in einer unsäglichen Sprache verfasst, weit entfernt von dem, was wir heute unter einer medizinischen Fachsprache verstehen. So wirst du beispielsweise als »albern« und »läppisch« beschrieben. Wie verräterisch Sprache sein kann, zeigt die Bemerkung, dass du »lästig« seist. Welche Menschenverachtung spricht aus diesem Wort.

Der erste Krankenblattvermerk über dich nach deiner Einweisung stammt vom 28. Dezember 1936. »Weint oft vor sich hin«, steht dort zwei Tage nach Weihnachten. Wie bedrückend müssen die Feiertage für dich gewesen sein – fern von zu Hause, getrennt von deiner Familie. Es macht mir das Herz schwer, wenn ich in den folgenden Monaten immer wieder lese: »weint oft« oder »weint viel (…) drängt nach Hause (…) verlangt nach Hause (…) möchte gern entlassen werden«. Es wird protokolliert, dass du »dauernd in uneinsichtiger Weise auf Entlassung« beharrst. Warum in aller Welt solltest du eigentlich Einsicht zeigen? Dein Verhalten ist für mich vollkommen verständlich, denn du musst nun deine Tage und Nächte in einer fremden Umgebung mit unbekannten Menschen verbringen, die dir nicht alle mit Freundlichkeit begegnen. Etwa sechs Wochen nach deiner Einweisung ist im Krankenblatt vermerkt: »Beklagt sich heute darüber, dass sie von anderen Kranken ausgelacht werde.« Da du immer schon etwas zur »Absonderung« neigst, trifft dich der völlige Mangel an Privatsphäre in den riesigen Sälen sehr hart. »Liegt am liebsten im Bett« oder »drängt immer wieder ins Bett«, wird notiert. Auch das ist mehr als nachvollziehbar, denn dort ist wahrscheinlich der einzige Zufluchtsort, wo du mal alleine sein kannst.

Ob dich jemand tröstet? Das Pflegepersonal in dieser »Mammutpsychiatrie«[3] hat viel zu tun und erwartet von dir, dass du dich in einen fest vorgegebenen Tagesablauf einfügst. Der Ton mag manches Mal ziemlich barsch sein. Wie unglücklich musst du dich fühlen und wie groß muss dein Heimweh sein!

Ordnung und Sauberkeit haben scheinbar einen hohen Stellenwert in der Anstalt. Denn Begriffe wie »unsauber«, »unrein« oder »Ordnung« werden in deinem Krankenblatt unverhältnismäßig oft verwendet. Gleich die erste Eintragung kurz nach Weihnachten beginnt mit den Worten: »Muss sehr zur Ordnung angehalten werden.« Und auch die nächste Notiz am 7. Januar 1937 lautet: »Unsauber. Muss zur Ordnung angehalten werden.« Welche Maßstäbe werden da angelegt?

Die meisten Eintragungen sind in teils unleserlicher Sütterlinschrift verfasst, so als ob es der Mühe nicht wert sei, etwas über dich zu schreiben. Aus dem, was sich mühsam entziffern lässt, geht hervor, dass es dir sehr schlecht geht. Etwas von deiner Trostlosigkeit ist zu spüren, wenn es heißt: »Ist still, ruhig, legt den Kopf auf den Tisch, ist antriebslos und weinerlich, muss zum Essen angehalten werden.« Das Pflegepersonal stempelt dich als »wehleidig« ab. »Lässt sich hängen«, so lautet die mitleidlose Beschreibung deines Verhaltens. Es wird behauptet, du seist »ohne den geringsten Gesundungswillen«. So ein Unsinn – welcher Mensch wäre nicht gerne gesund, wenn er die Wahl hätte? Man schreibt, du seist »uneinsichtig« für deine Krankheit. Wie kann man Einsicht von dir erwarten?

Offensichtlich passt du dich der Situation nicht an, denn man bezeichnet dich zunehmend als schwierige Patientin. Laut Krankenblatt bist du »unzufrieden und klagsam«. »Klagt den ganzen Tag über allerlei Schmerzen«, ist zu lesen. Deine Klagen werden jedoch als »hypochondrische Wahnideen« abgetan, »für die sich kein pathologischer Befund finden lässt«. Hat man dich wirklich gründlich untersucht? Ich habe meine Zweifel daran.

Das Pflegepersonal vermerkt weiter, dass du meist »abweisend und wenig folgsam« bist. Du wirst als »mürrisch, querulierend, nörgelnd« und »schwierig« abqualifiziert. »Hat an allem etwas auszusetzen«, »bei Nacht störend« ist in deinem Krankenblatt notiert. Neben dem chronischen Platzmangel in der Anstalt sind dies vermutlich die Gründe, warum man dich zwischen Februar 1937 und November 1939 insgesamt zehnmal von einer Station auf eine andere verlegt.

Im Januar 1939 werden deine Pellagra-Krankheit und eine Rohkostbehandlung im Krankenblatt dokumentiert. Ich hatte von dieser Erkrankung noch nie gehört. Kein Wunder, denn Pellagra tritt bei bestimmter einseitiger Fehlernährung auf. Später wurden sogar Patienten in Kliniken durch Nahrungsentzug, das sogenannte »Hungersterben«, absichtlich getötet. Jetzt verstehe ich besser, warum es einige Wochen vorher über dich heißt: »Nimmt den Mitkranken das Essen weg.«

Aus der Akte geht nicht hervor, ob du medikamentös oder sonst irgendwie behandelt wirst. Ich halte es für ziemlich unwahrscheinlich, denn eine Untersuchung und Behandlung mit modernen Mitteln der Wissenschaft ist für »unheilbar geisteskranke« Menschen wie dich nicht vorgesehen. Man versucht zwar, dich zur Arbeit zu bewegen, doch das wird wohl kaum als Arbeitstherapie zu bezeichnen sein. Ich kann mir nicht vorstellen, dass sich jemand die Mühe macht, dich behutsam und therapeutisch an die Arbeit heranzuführen, denn im Vordergrund steht eher die billige Arbeitskraft der Patienten, die der Selbstversorgung in der Anstalt dient.[4]

Der weitaus größte Teil der Eintragungen im Krankenblatt bezieht sich darauf, dass du dich nicht beschäftigen willst. »Ging einige Tage mit zur Feldkolonne, musste aber wieder zurückgezogen werden, weil sie nicht arbeitete. (…) Arbeitet überhaupt nicht. (…) Ist weder im Schälkeller noch am Tisch zur Ordnung zu bringen.« Es heißt sogar: »Hetzt die anderen Kranken zur Nichtarbeit auf.« Irgendwann ist vermerkt, dass du etwas flickst, doch immer wieder ist zu lesen: »Tut nichts, sitzt nur herum.«

Es fällt mir schwer, mich in die Menschen hineinzuversetzen, die sich um die Kranken und Pflegebedürftigen kümmern sollen. Das ist sicher kein einfacher Beruf und man darf nicht alle über einen Kamm scheren. Allerdings halte ich es für mehr als wahrscheinlich, dass das Verhalten vieler Schwestern und Pfleger denjenigen gegenüber, die ihnen zum Schutz und zur Pflege anvertraut sind, durch die nationalsozialistische Rassenideologie negativ beeinflusst ist. Demnach ist das Wohlergehen des einzelnen Menschen unwichtig. Allein das Wohl des Volkes zählt. Und da du, liebe Anna, als »Ballast« und als »nutzlos« für die »Volksgemeinschaft« giltst, bist du einfach nur »lästig« für sie.

Einen Monat vor deiner Deportation aus Bedburg-Hau im Februar 1940 wird notiert: »Macht sich gern bemerkbar, schreit und lärmt.« Das Pflegepersonal scheint sich durch dein Verhalten provoziert zu fühlen. Wie können sie nur davon ausgehen, dass du das gerne machst, wenn sie gleichzeitig vermerken, dass du »körperlich hilflos« bist. Ich verstehe das als letzte verzweifelte Hilferufe von dir. Mein Vater hat dich als sanftmütig und lieb beschrieben – du bist nicht mehr wiederzuerkennen. Was hat man nur in dieser »Heil- und Pflege«-Anstalt aus dir gemacht?

»Euthanasie«-Erlass

Liebe Anna, der Gedanke, sogenanntes »lebensunwertes« Leben zu beenden, ist nicht neu, sondern wurde schon seit vielen Jahrzehnten von Eugenikern und Rassenhygienikern in Europa und darüber hinaus diskutiert. So schrieben der Jurist Karl Binding und der Arzt Alfred Hoche bereits 1920 in ihrem Buch »Die Freigabe der Vernichtung lebensunwerten Lebens« über Menschen wie dich: »Ihr Leben ist absolut zwecklos, aber sie empfinden es nicht als unerträglich. Für ihre Angehörigen wie für die Gesellschaft bilden sie eine furchtbar schwere Belastung. Ihr Tod reißt nicht die geringste Lücke – außer vielleicht im Gefühl der Mutter oder der treuen Pflegerin.«[5]
Die üble Saat geht auf. 1939 planen eine Reihe von Psychiatern, Pädiatern und Rassenhygienikern ganz konkret die systematische Tötung von sogenannten »erblich Geisteskranken«, Behinderten und sozial oder rassisch Unerwünschten. Zur Tarnung des Massenmords dient der Begriff »Euthanasie«, der eigentlich guter oder leichter Tod bedeutet. Damit soll der beschönigende und beruhigende Eindruck erweckt werden, dass es hier um »Sterbehilfe« aus purem Mitleid geht. Das tatsächliche Ziel ist jedoch die Ausrottung von Erbkrankheiten und gleichzeitige Kostensenkung für die Anstaltspflege.

Weder du noch deine Familie ahnen zu diesem Zeitpunkt, dass Hitler mit einem auf den Kriegsbeginn am 1. September 1939 zurückdatierten Ermächtigungsschreiben seinen Begleitarzt Dr. Karl Brandt und den Leiter der Kanzlei des Führers Philipp Bouhler dazu beauftragt hat, »die Befugnisse namentlich zu bestimmender Ärzte so zu erweitern, dass nach menschlichem Ermessen unheilbar Kranken bei kritischster Beurteilung ihres Krankheitszustandes der Gnadentod gewährt werden kann«.[6]

Obwohl Hitlers auf privatem Briefpapier geschriebener »Euthanasie«-Erlass formal keine Rechtsgültigkeit hat, wird in der Folgezeit eine Vielzahl staatlicher und parteiamtlicher Stellen mit der Durchführung der Verbrechen befasst sein. Die Steuerung erfolgt unter höchster Geheimhaltung durch Tarnorganisationen, deren Sitz sich ab Frühjahr 1940 in der Berliner Tiergartenstraße 4 befindet, später bekannt unter dem Namen »Zentraldienststelle T4« und in der Nachkriegszeit namensgebend für das Kürzel »Aktion T4«. Dort werden zunächst alle Heil- und Pflegeanstalten »planwirtschaftlich« erfasst und erhalten zu statistischen Zwecken Meldebögen nebst Merklisten, anhand derer die Patientinnen und Patienten zur Tötung ausgesucht werden.

Du erfüllst die Selektionskriterien deiner Mörder perfekt, denn du giltst als erbkrank und unheilbar, bist angeblich eine schwierige Kranke und vor allem, du leistest keine produktive Arbeit. Wie ein roter Faden zieht sich durch deine Patientenakte, dass du nicht oder nur wenig arbeitest. Damit bist du im Sinne der nationalsozialistischen Ideologie nicht nur ein »erbminderwertiger« Mensch, sondern auch ökonomisch unbrauchbar, eine »nutzlose Esserin«, die als »lebensunwert« zur Vernichtung, schlimmer noch, zur »Ausmerze« freigegeben werden kann.

Im Geheimen laufen die Vorbereitungen für deine Vernichtung und die von vielen anderen Patienten bereits seit 1939 auf Hochtouren. Im Oktober wird auf der Schwäbischen Alb in Baden-Württemberg das abgelegene Gelände von Schloss Grafeneck beschlagnahmt.[7] Nach der Umsiedlung der behinderten Patienten des dort beheimateten Samariterstifts beginnt der systematische Umbau für diese erste von sechs Gasmordanstalten auf deutschem Boden. Als der Vergasungsschuppen und die Krematoriumsöfen in Grafeneck Anfang 1940 fertig sind, bist du laut Akte seelisch und körperlich am Ende. Der letzte Vermerk im Krankenblatt stammt vom 24. Februar 1940: »Geht seit einiger Zeit körperlich zurück, fiebert wechselnd, hustet, hat sehr blasse graue Gesichtsfarbe, schreit jede Nacht. Untersuchung der Lungen kaum möglich bei der widerstrebenden, fast immer stöhnenden Patientin.« Die Eintragung endet mit den Worten: »Wegen Verdacht auf Lungentuberkulose verlegt nach (…).« Der Rest ist unleserlich.

Liebe Anna, ich kann dein Krankenblatt nicht lesen, ohne daran zu denken, wie deine Familie währenddessen ohne dich weiterlebt. Ihr lebt in Parallelwelten, die unterschiedlicher nicht sein könnten. Als du 1936 nach Bedburg-Hau gebracht wirst, ist dein Bruder Fritz 16 Jahre alt. In diesem Jahr beschäftigt ihn vor allem die Olympiade in Berlin, die mit einem riesigen Aufwand an Propaganda in Szene gesetzt wird. Noch Jahrzehnte später werden mich als Kind die Fotos in seinem alten Olympia-Sammelalbum faszinieren. Die Bilder sind eine Huldigung an den nationalsozialistischen Körperkult, dem ein zutiefst rassistisches Menschenbild zugrunde liegt. Gewiss ist deinem Bruder nicht klar, dass die Nationalsozialisten seine Sportbegeisterung für ihre Ziele missbrauchen. Er selbst verkörpert das Bild des jungen, gesunden Athleten. In der Sippentafel wird ihm bescheinigt, dass er zur »nordischen Rasse« gehöre, und seine sportliche Begabung findet zur selben Zeit in der Schule große Anerkennung. Er wird wohl kaum erkannt haben, wie inhuman das von den Nazis verherrlichte Menschenbild ist, das unweigerlich auf die Ausgrenzung und Abwertung der »Andersartigen«, Kranken, Alten oder Schwachen hinzielt. Bis zu seinem Tod wird er das zerfledderte Original eines historischen Stadtplans von Berlin

aufbewahren, eigens herausgegeben für Olympia 1936.
Als ich ihn fast sieben Jahrzehnte später gefragt habe, erinnerte er sich an dieses Ereignis noch in Einzelheiten, aber er hat vergessen, dass seine Schwester 1936 aus seinem Leben entschwunden ist. Deine Spur verliert sich in Formulierungen wie: »Anna wurde irgendwann in den 30er-Jahren in eine Anstalt gebracht. Dort ist sie irgendwann während des Krieges gestorben.« Er konnte sich nicht daran erinnern, dich jemals besucht zu haben. Die Frage, ob du überhaupt Besuch von deinen Angehörigen bekommen hast, beschäftigt mich nach wie vor sehr. Schrieben sie dir wenigstens Ansichtskarten oder Briefe? Schickten sie dir Päckchen, um dein Leben zu erleichtern? Nirgendwo in der Akte finde ich einen Hinweis darauf. Es bleibt die bohrende Ungewissheit, ob deine Familie dich womöglich schon damals »vergessen« hat. Begann in jener Zeit bereits das Totschweigen? Ich kann es nicht glauben. Ich will es nicht glauben.
Im Nachlass meines Vaters habe ich alte Papiere, Briefe und Postkarten gefunden, aus denen hervorgeht, dass in vielerlei Hinsicht der ganz normale Alltag weiterging: Schule, Beruf, Familienbesuche und anderes.
1937 macht Fritz eine Klassenfahrt an den Rhein und in der Schülerzeitung ist zu lesen: »Ade Mülheim! Hei, welch eine Freude, mit … zig Sachen durch die

Gegend zu rasen, à la Caracciola! Einfach großartig! Der Regen ist bald vergessen, Schnauzenorgeln spielen auf, Rheinlieder werden gesungen, einige ›dreschen‹ 1001, Stimmung großartig!« Nur zwei Sätze weiter gibt es einen Hinweis darauf, dass dein Bruder inmitten der jugendlichen Unbekümmertheit nicht ganz so ausgelassen ist: »Fritz Lehnkering aus Saarn gemahnt, die Landschaft doch in Ruhe zu genießen, doch bringt ihm diese väterliche Belehrung nur einen wohlgezielten Puff von seinem Freund Karl ein.« Wie sehr erkenne ich in diesen Worten meinen ernsthaften und nachdenklichen Vater wieder. Die Geschehnisse zu Hause, dein »Verschwinden«, müssen ihre Spuren bei ihm hinterlassen haben.
Im Juni 1938 schreibt deine Mutter auf eine Ansichtskarte: »Lieber Fritz, Ich war noch 8 Tage in Sterkrade am kl. Markt. Auf der Kirmes war es sehr nett. … Herzliche Grüße Deine Mutter.« Gemeint ist die Sterkrader Fronleichnam-Kirmes, die als Volksfest eine weit über hundert Jahre alte Tradition im Ruhrgebiet hat und für Jung und Alt ein alljährlicher Höhepunkt ist. Meine Großmutter fährt nicht nur zum Vergnügen nach Sterkrade, sondern sie hilft Schwager und Schwester in der Gastwirtschaft am Kleinen Markt, die in unmittelbarer Nähe der Kirmes gelegen ist. Hat sie auch dir in einem Brief davon berichtet? Wurde ein solcher Brief überhaupt zugestellt? Vor allem die Erwähnung der Kirmes

betrübt mich sehr, denn ich weiß, wie sehr du diesen Jahrmarkt mit all seinen Attraktionen geliebt hast. Schon Wochen vorher habt ihr Kinder jeden Pfennig beiseitegelegt, dafür kleine Handlangerdienste gemacht oder bei der Verwandtschaft »geschnorrt«, um das Ersparte dann an der Losbude, auf dem Karussell, in der Schiffschaukel, auf der Geisterbahn oder auch für Zuckerwatte und gebrannte Mandeln auszugeben.
Während das Leben in Mülheim und Sterkrade also weitestgehend in alten vertrauten Bahnen verläuft, versucht man dich in Bedburg-Hau zur Arbeit in der Feldkolonne zu bewegen, die dir als Großstadtkind natürlich völlig fremd ist. So ist es nicht verwunderlich, dass du dich verweigerst. Obwohl du nur etwa 80 Kilometer entfernt lebst, trennen dich Lichtjahre von zu Hause.
Für deinen Bruder Fritz geht 1938 die Schulzeit zu Ende. Im Schulbericht wird voller Stolz verkündet, dass die Schule mehr als hundert junge Menschen als »Soldaten des Führers« in die »Berufs- und Lebensarbeit für Deutschland« hinaussende. Dein Bruder ist einer dieser »Soldaten«, die den »Ehrendienst am deutschen Volke« im Reichsarbeitsdienst leisten. Zur selben Zeit wirst du im Krankenblatt als »lästig« bezeichnet. Noch kämpfst du und drängst nach Hause. Doch deine Kräfte gehen offensichtlich zu Ende. Ende 1938 heißt es zum letzten Mal: »Drängt

nach Hause.« Ich schließe aus den Eintragungen im Krankenblatt, dass du – auch geschwächt von Krankheit – deinen Kampf aufgibst. 1939 muss für dich das Jahr der Hoffnungslosigkeit gewesen sein.
Erfährst du, dass deine Mutter inzwischen als Hilfsangestellte bei der Mülheimer Stadtverwaltung arbeitet? Darauf ist sie sehr stolz. Endlich kann sie ihre Fähigkeiten beweisen. Bei der Bewerbung muss sie, wie im öffentlichen Dienst üblich, den »Ariernachweis« erbringen. Sicher erwähnt sie die Fälle »erblicher Minderwertigkeit« in ihrer Familie nicht. Ob man in ihrer Behörde über die von den Nazis aus dem Amt gejagten SPD- und KPD-Mitglieder und deren Schicksal spricht? In der Nacht vom 9. auf den 10. November 1938 brennen die Synagogen in Mülheim und Sterkrade. Nur gut hundert Meter von eurer Wohnung entfernt ist die Metzgerei der jüdischen Familie Leffmann, wo deine Mutter Kundin ist. Beteiligt sie sich an dem Getuschel, als nach und nach nicht nur die Familie Leffmann, sondern immer mehr Menschen aus eurer Nachbarschaft spurlos verschwinden? Forscht sie nach, als es 1940 in deiner Akte plötzlich »verlegt nach …« heißt? Wohl kaum, denn es ist nicht üblich, die Familien über die Verlegungen ihrer Angehörigen zu benachrichtigen. Erst viele Wochen später wird deine Mutter einen Brief voller Lügen über dein weiteres Schicksal erhalten.

TOD IN GRAFENECK

Selektion

Liebe Anna, »verlegt nach ...«. Natürlich stellte sich für mich nach dem Lesen der Akte aus Bedburg-Hau sofort die elementare Frage, wohin man dich verlegt hat. Erst auf mehrfache Nachfrage hin bekam ich 2004 folgende Nachricht aus Bedburg-Hau: »Sehr geehrte Frau Falkenstein, in Beantwortung Ihrer E-Mail teilen wir Ihnen mit, dass Ihre Tante, Frau Anna Lehnkering, am 21.12.1936 in die RK Bedburg-Hau aufgenommen wurde. Am 06.03.1940 wurde sie nach Grafeneck verlegt, wo sie am 23.04.1940 verstarb.« Verlegt, verstarb – welch verharmlosende Worte! Noch nicht einmal das Todesdatum stimmt. Man hielt es nicht für nötig, darauf einzugehen, dass es sich bei deiner »Verlegung« um die Deportation in eine NS-Tötungsfabrik handelte, in der wehrlose und kranke Menschen mit Gas ermordet wurden. Die bürokratische und verschleiernde Antwort aus Bedburg-Hau machte mich wütend und motivierte mich gleichzeitig, der Sache auf den Grund zu gehen. Heute weiß ich, dass Anfang 1940 eine Delegation unter

Führung von Professor Dr. Werner Heyde, dem ärztlichen Leiter der T4-Organisation, von Berlin nach Bedburg-Hau reiste, um Patienten für den »Gnadentod durch Vergasung« zu selektieren.[1]

Was später nicht mehr üblich ist: Die Gutachter kommen zu euch. Zur Kommission gehören die Ärzte und späteren Leiter von Tötungsanstalten Ernst Baumhardt, Horst Schumann und Irmfried Eberl sowie der Leiter der »Reichsarbeitsgemeinschaft Heil- und Pflegeanstalten«[2] Gerhard Bohne. Zumindest zeitweise nehmen auch Viktor Brack, Oberdienstleiter in der Kanzlei des Führers, Paul Nitsche, später ärztlicher Leiter der »Aktion T4«, und Friedrich Mennecke, T4-Gutachter und Leiter der Anstalt Eichberg[3], an der Selektion in Bedburg-Hau teil. Sie entscheiden über eure »Verlegung«, mit anderen Worten, über eure geplante Ermordung. Dazu benutzen sie die für die »Aktion T4« typischen Meldebögen, die auf der Grundlage der vorliegenden Patientenakten ausgefüllt werden. Die »Bedburger Ärzte hatten kurz zuvor Eintragungen in die Krankengeschichten vorgenommen, die Verhalten, Ausmaß der Störung, Sauberkeit und Arbeitsfähigkeit beurteilten.«[4] Im späteren Verlauf der »Aktion T4« werden sogenannte »Gutachter« und »Obergutachter« in der Tiergartenstraße 4 im fernen Berlin einzig anhand solcher Meldebögen mit einem rein formalen Akt über Leben und Tod urteilen. Diese

Leute sind allesamt »ehrenwerte« Mitglieder der Gesellschaft: Ärzte, Hochschullehrer und Anstaltsleiter: Wenn sie – so wie auf deinem Meldebogen – mit Rotstift ein Plus vermerken, wird damit der Tod besiegelt. Ein blaues Minus hätte Leben bedeutet. Unglaublich – die »Richter« kennen weder ihre Opfer noch ihre Krankenakten.
Auffällig ist im Übrigen, wie viele hochrangige Nazischergen deinen Lebensweg unmittelbar kreuzen. Das ist kein Zufall, denn die »Aktion T4« läuft gerade erst an, befindet sich sozusagen im Probelauf. Die Verantwortlichen wollen sich in der Anfangsphase höchstpersönlich ein Bild von ihrem »Euthanasie«-Programm machen. Doch das Interesse gilt keinesfalls den Menschen, sondern ausschließlich dem reibungslosen Ablauf der Aktion. Sie erreichen ihr Ziel mit bürokratischer Effizienz, denn das Mordprogramm funktioniert anschließend beinahe »lautlos« und ohne Probleme.

Deportation

Liebe Anna, du bist eine von etwa 1800 Patientinnen und Patienten, die im März 1940 innerhalb von vier Tagen im Rahmen einer Massendeportation verlegt werden, angeblich um Platz für ein Marinelazarett in Bedburg-Hau zu schaffen.[5] Für »Ballastexistenzen«

wie dich ist in der Kosten-Nutzen-Rechnung des Staates kein Platz mehr.
Welche Anspannung und Hektik müssen in diesen Tagen geherrscht haben. Sicher spürst du die Unruhe, als das Pflegepersonal mit den Vorbereitungen zum Abtransport beginnt. Möglicherweise ist es aber beruhigend für dich und die anderen, dass man die wenigen persönlichen Gegenstände, die ihr mitnehmen dürft, richtet und auflistet. Das macht es leichter, an eine Verlegung aus Platzgründen zu glauben.
Am 6. März 1940 wirst du zusammen mit 300 Frauen und 157 Männern nach Grafeneck deportiert. Euer Transport in den Tod geschieht nicht wie üblich mit den berüchtigten grauen Bussen, sondern mit einem Sonderzug der Reichsbahn. Es ist überliefert, dass man euch in zehn Waggons einpfercht und dass die Fahrt in dem kriegsbedingt verdunkelten Zug einen Tag und eine Nacht dauert.[6] Eine Besonderheit ist, dass ihr von Henkersknechten begleitet werdet, die eine hohe Position in der Hierarchie der Mordaktion einnehmen. Darunter befinden sich neben Ernst Baumhard und Gerhard Bohne, die schon an der Selektion beteiligt waren, der Geschäftsführer der Gekrat[7] Hermann Schwenninger.[8] Ich vermute, dass er und die anderen Männer in der Nacht vom 6. auf den 7. März 1940 eine angenehme Fahrt im Sonderabteil verbringen und sich keinerlei Gedanken machen über die »menschliche Fracht«, mit der

sie Tür an Tür sitzen. Ihre Reise dient rein bürokratisch-technischen Interessen. Ihr seid »Testmaterial«, das von einer Begleiterin des Zuges als »Krankenmaterial« bezeichnet wird. Sie meldet im Übrigen keine besonderen Vorkommnisse, die ein Eingreifen der begleitenden »Wärter« während der Fahrt nötig gemacht hätten.[9]

Vielleicht seid ihr bei eurer Reise in den Tod ganz arglos, denn das Vernichtungsprogramm läuft gerade erst an und hat sich in den Heil- und Pflegeanstalten noch nicht herumgesprochen. Das möchte ich zumindest gerne glauben, denn es ist eine tröstliche Vorstellung, dass du während deiner letzten Stunden nicht von Angst und Panik erfüllt bist. Als euer Transport am 7. März 1940 gegen acht Uhr morgens in dem kleinen Bahnhof Marbach in der Nähe von Grafeneck ankommt, liegt hoher Schnee. Das Ausladen der Waggons in dem völlig abgesperrten Bahnhof dauert fast acht Stunden. Vom Bahnhof aus werden die Kranken mit Kraftfahrzeugen nach Grafeneck geschafft. Der Leiter der »Euthanasie«-Tötungsanstalt, der SS-Arzt Horst Schumann, beschwert sich danach in Berlin, »dass der Transport mit dem Sonderzug erhebliches Aufsehen erregt hätte und zwar sowohl in der Anstalt als auch in der Bevölkerung. Auch hätte dieser überraschende Anfall von so vielen Kranken das Tötungspersonal vor ein kaum zu bewältigendes Problem gestellt.

19 Schloss Grafeneck

(...) Da zu dieser Zeit nur jeweils 50 Kranke in die Gaskammer passen, koppelt man zwei Waggons ab und dirigiert sie zum Bahnhof Zwiefaltendorf.«[10] 140 Frauen werden in die Anstalt Zwiefalten »zwischenverlegt«, wo zwei der Unglücklichen kurz darauf unter katastrophalen Verhältnissen sterben. »Hunderte von Kranken warteten in notdürftigen Unterkünften auf ihre letzte Fahrt. Manchmal waren sie wie Heringe auf Stroh geschichtet. Eine Reihe starb meist schon während der Wochen des Wartens auf den Weitertransport.«[11] Die 138 Frauen aus Bedburg-Hau, die dieses Martyrium überlebt haben, werden am 2. und 4. April 1940 erneut nach Grafeneck gebracht und dort vergast.[12]

Ich war sehr erleichtert, als ich hörte, dass dein Name nicht auf der Verlegungsliste aus Zwiefalten steht, denn so weiß ich wenigstens, dass dein Leiden nicht um weitere Wochen verlängert wurde.

Das Mordprogramm

Das von Schumann angesprochene Problem wird übrigens anschließend mit unmenschlicher Perfektion bewältigt. »Grafeneck ist der erste Ort systematisch-industrieller Ermordung von Menschen im nationalsozialistischen Deutschland überhaupt. Es steht somit am Ausgangspunkt ungeheuerlicher Menschheitsverbrechen. Unterstrichen wird diese Perspektive zusätzlich durch die spätere Übernahme des Mordverfahrens für den Mord an den europäischen Juden ebenso wie durch die Tatsache, dass ein Viertel der Täter von Grafeneck in den Vernichtungslagern des Ostens, wie Belzec, Treblinka, Sobibor und nicht zuletzt Auschwitz-Birkenau, eingesetzt werden.«[13] Für den Historiker Henry Friedlander ist unzweifelhaft, dass die »Euthanasie«-Aktion das Modell für sämtliche anschließende NS-Vernichtungsaktionen ist. Er schreibt dazu: »Nach dem Ende des Zweiten Weltkriegs ist Auschwitz zum Symbol des Genozids im 20. Jahrhundert geworden. Aber Auschwitz war nur das letzte und perfekteste nationalsozialistische

deutsche Mordzentrum. Das gesamte Mordprogramm hatte im Januar 1940 mit der Ermordung der hilflosesten Menschen begonnen, nämlich der behinderten Patienten in den Heilanstalten.«[14]
Weit über 10 000 Menschen mit geistigen Behinderungen oder psychischen Erkrankungen werden innerhalb eines Jahres allein in Grafeneck vergast. Dazu kommen die Opfer in den Gasmord-Anstalten von Brandenburg/Havel, Bernburg, Hadamar, Hartheim und Pirna-Sonnenstein. Als die »Aktion T4« im Sommer 1941 nach Unruhen in der Bevölkerung und Protesten vor allem seitens der Kirchen eingestellt wird, hat sie mehr als 70 000 Opfer gekostet. Doch das Morden geht dezentral weiter – teilweise bis über das Kriegsende hinaus. Zu den Opfern gehören nicht nur Patienten aus den Heil- und Pflegeanstalten, sondern auch Insassen aus Behinderten-, Fürsorge- und Erziehungsheimen, Alters- und Pflegeheimen, Konzentrationslagerhäftlinge sowie Zwangsarbeiter und Patienten, die von den deutschen Besatzern in den psychiatrischen Krankenhäusern der besetzten Gebiete, insbesondere in Polen, Tschechien und der Sowjetunion, ermordet werden. Nicht zu vergessen sind die vielen Tausend kranken und behinderten Kinder, die als Erste in das Visier der nationalsozialistischen Rassenideologen gerieten und zwischen 1939 und 1945 für unmenschliche medizinische Experimente erst missbraucht und dann getötet wurden.

Nach vorläufigen Schätzungen wurden insgesamt etwa 300 000 Menschen durch Gas, Vernachlässigung der Pflege, Nahrungsentzug, Überdosierung von Medikamenten oder Erschießen ums Leben gebracht.

Annas Tod in der Gaskammer

Liebe Anna, all das kannst du nicht wissen, als du auf dem letzten Wegstück durch einen Wald steil bergauf zu dem abgelegenen Schloss Grafeneck transportiert wirst. Der Blick auf das Schloss ist dir verwehrt. Vorbei an bewaffneten Männern mit Hunden gelangst du durch ein Brettertor direkt zu der Mordanlage. Es handelt sich um ein Barackengelände, das von einem bis zu vier Meter hohen Bretterzaun, verstärkt mit Stacheldrähten, umgeben ist. So will man verhindern, dass die Menschen aus der Umgebung den Tötungsschuppen mit der Gaskammer und das, was in der »Mordfabrik« vor sich geht, sehen. Doch trotz aller Bemühungen um Geheimhaltung ist das Geheimnis bald nicht mehr geheim. Es gibt längst Gerüchte, die sich bald zur Gewissheit verdichten. Auf der Schwäbischen Alb tuscheln und murren die Bewohner der umliegenden Dörfer über die grauen Busse, die unablässig ihre menschliche Fracht aus den Kliniken zur Vernichtung nach Grafeneck bringen. Und trotz der Heimlichtuerei kann man nichts gegen den

20 Gebäude in Grafeneck, in das die Gaskammer eingebaut wurde

süßlich-brenzligen Geruch tun, der sich über der ganzen Gegend verbreitet.
Riechst du ihn, diesen Geruch des Todes aus den Krematorien? Du bist sicher benommen und vielleicht auch hungrig und durstig nach der langen Fahrt. Unbekannte Menschen kommen auf dich zu und reden in barschem Ton mit dir. Macht dir das Angst oder bist du körperlich schon so geschwächt, dass du nicht mehr viel wahrnimmst? Ich wünsche so sehr, dass dir die Situation nicht mehr bewusst ist.
Gleich nach der Ankunft wirst du mit den anderen in die Aufnahmebaracke geführt, wo ihr von Schwestern ausgezogen, gemessen, gewogen, fotografiert und dann zur Untersuchung gebracht werdet. Um Unruhe zu vermeiden, ist man bemüht, alles so normal wie

möglich aussehen zu lassen. Die Untersuchung durch den Arzt ist eine Farce, sie dauert weniger als eine Minute. Dabei geht es keinesfalls um die Beurteilung eures Krankheitszustandes, sondern lediglich um die Feststellung der Identität. Man hat euch vor der Abreise in Bedburg-Hau gekennzeichnet. Wie Brandzeichen tragt ihr die Angaben zur Person entweder auf einem Pflasterklebestreifen oder mit Tintenstift direkt auf die Haut geschrieben.

An diesem schneereichen Vorfrühlingstag im März ist es bitterkalt und du musst frieren, als du nach der Aufnahmeprozedur halbnackt am Krematorium vorbei zu dem als Duschraum getarnten Todesschuppen gehst. Ich hoffe inständig, dass du bis zum Schluss glaubst, es gehe tatsächlich zum Duschen. Das, was nun folgt, entzieht sich den Maßstäben einer zivilisierten Welt. Es ist so grauenhaft, dass sich alles in mir gegen diese Bilder sträubt. Und doch darf man die Augen davor nicht verschließen, denn es zeigt, wozu Menschen in der Lage sind.

»Beim Betreten des Vergasungsraumes wurden die Kranken, maximal 75 Personen, nochmals gezählt, sodann die Tore geschlossen. Anfangs schienen einige Opfer noch geglaubt zu haben, es gehe tatsächlich zum Duschen, andere begannen sich im letzten Augenblick zu wehren und schrien laut. Die Zufuhr des Gases betrug in der Regel ca. 20 Minuten; sie wurde eingestellt, wenn sich im Vergasungsraum keine Bewegung mehr feststellen ließ. (…) Geraume Zeit nach der Vergasung öffneten Hilfskräfte, die Gasmasken trugen, die Flügeltore. Ihnen bot sich in der Regel ein schrecklicher Anblick: Die Körper der Toten und der Boden waren mit Stuhl, Menstruationsblut und Erbrochenem beschmutzt, manche Leichen waren ineinander verkrallt und mussten mit Gewalt voneinander getrennt werden. Dasjenige Personal, das die Krematoriumsöfen bediente, deshalb manchmal auch ›Brenner‹ genannt wurde, war auch zuständig für den Abtransport der Leichen zu den Öfen (…). Vorher wurden den mit einem Kreuz bezeichneten Patienten die Goldzähne ausgebrochen und bei der Verwaltung abgeliefert; das so gewonnene Rohmaterial wurde sodann bei Degussa zu Feingold verarbeitet. (…) Nach der Verbrennung wurden verbliebene Knochenreste aus den Öfen genommen und in eine Knochenmühle gegeben. Von Grafeneck ist auch bekannt, dass ein Angestellter Knochenstücke mit einem Hammer verklopfte. Man gewann daraus Knochenmehl, das man, mit Asche vermischt, in Urnen an die Angehörigen verschickte.«[15]

Annas Mörder und ihre Helfer

Liebe Anna, wie brutal und gefühllos müssen eure Mörder und ihre Mordgehilfen sein. Wie können

diejenigen, die am 7. März 1940 in Grafeneck euren Todeskampf durch einen Spion in der Gaskammertür mit kaltem, technischem Interesse beobachten, immun sein gegen die angstverzerrten Gesichter, das Flehen, die Schreie und das Stöhnen der Opfer? Wie können sie dies als »erlösende Sterbehilfe« betrachten? Es ist die »Elite« des nationalsozialistischen »Euthanasie«-Programms, die an diesem Tag möglicherweise auch deine Ermordung begafft.[16] Darunter befinden sich der Reichsgesundheitsführer Leonardo Conti, der Arzt und Beauftragte Hitlers Karl Brandt und Eugen Stähle, Arzt und Ministerialrat des württembergischen Innenministeriums. Das Handrad für die Regulierung des Gases wird vom ärztlichen Leiter Grafenecks Horst Schumann persönlich betätigt. Unfassbar – es ist überliefert, dass es eine Art »Vergasungstourismus«[17] in Grafeneck gab und immer wieder »Gäste« kamen, darunter viele Ärzte, die dem Sterben der Menschen durch den Spion in der Gaskammertür zusahen. Welch seelische Verrohung! Bis heute kann ich nicht begreifen, wie Menschen zu solch barbarischen Taten in der Lage sein können. Und wie kann man weiterleben – danach?
An der Durchführung des Mordprogramms sind landesweit Tausende von »Schreibtischtätern« mittelbar beteiligt, ganz zu schweigen von den Männern und Frauen, die vor Ort direkt mit der Abwicklung der Verbrechen befasst sind: Ärzte und Pflegepersonal,

Büroangestellte, Polizeibeamte, Transport-, Haus- und Wirtschaftspersonal, Wachmannschaften und nicht zuletzt die »Leichenbrenner«. In Grafeneck leben sie monatelang zusammen im Schloss. Sie feiern und trinken, als wäre nichts. Dabei können sie sehen, hören und riechen, was passiert. Kann man sich wirklich an das Grauen gewöhnen?

Die Täter stammen aus allen sozialen Schichten. Die meisten sind in ihrem »anderen Leben« ganz normale Menschen, weder sadistisch veranlagt, noch sonst besonders auffällig. Und doch werden sie zu Massenmördern. Viele sind gebildet und gelten als kultiviert. Gewiss gibt es Opportunisten unter ihnen, deren Karriere durch die Teilnahme am »Euthanasie«-Programm gefördert wird, und sicher spielen Obrigkeitsdenken und Staatsgläubigkeit eine Rolle. Aber nicht wenige, vor allem Ärzte, sind geradezu begeistert von den wissenschaftlichen Möglichkeiten und dem vermeintlichen Fortschritt, den die radikale Umsetzung der rassenhygienischen Maßnahmen bietet. Sie sind von der Richtigkeit ihres Handelns überzeugt, umso erbärmlicher ist das spätere Leugnen der eigenen Verantwortung mit dem fadenscheinigen Argument des »Befehlsnotstandes«. Erschreckend ist der Rahmen der Normalität, innerhalb dessen die Verbrechen geschehen. Die Zahl der Widerständler ist klein. Nicht unerheblich ist die Zahl der schweigenden Zuschauer – egal, ob sie klammheimlich zustimmen

oder dagegen sind. Sie alle, die Mitläufer, die sadistischen Einzeltäter, die Schreibtischtäter oder die ideologisch verblendeten Überzeugungstäter, die Opportunisten oder die überzeugten »Idealisten«, machen Angst, denn es gab und gibt sie zu allen Zeiten.
Willst du wissen, was aus den Männern wurde, die unmittelbar an deinem Tod beteiligt waren? Ich weiß, dass du ein sanftmütiger Mensch warst, dem Rache fernlag. Es geht jedoch um Gerechtigkeit und dieser wurde noch nicht einmal im Ansatz Genüge getan. Der größte Teil der Täter entging nach Kriegsende der Bestrafung. Das gilt für die unmittelbaren »Tötungsexperten« und ihre Helfer genauso wie für die unmenschlichen Bürokraten, die als Komplizen an dem Massenmord und der anschließenden Verschleierung beteiligt waren. Die Männer, die eure Ermordung durch das Guckloch in der Gaskammertür beobachteten, wurden zwar wegen ihrer Verwicklung in das »Euthanasie«-Programm vor Gericht gestellt, doch nur einer wurde verurteilt: Karl Brandt wurde 1948 hingerichtet. Leonardo Conti entzog sich der Verantwortung, indem er sich in seiner Zelle erhängte. Eugen Stähle starb während der Untersuchungshaft im Krankenhaus. Die Spur des Mannes, der das Gas hatte einströmen lassen, führte – wie die Spur vieler Täter – zunächst in die Vernichtungslager des Holocaust. Horst Schumann war ab 1942 einer der berüchtigten Lagerärzte in Auschwitz. Nach

Kriegsende arbeitete er als Arzt in Gladbeck, nur wenige Kilometer von deinem Heimatort Sterkrade entfernt. Kurz vor seiner drohenden Verhaftung setzte er sich ab, wurde aber 1966 in die Bundesrepublik Deutschland ausgeliefert. Das gegen ihn eröffnete Gerichtsverfahren endete 1971 mit seiner Haftentlassung wegen »Verhandlungsunfähigkeit«.[18]

Unbegreiflich ist bis heute die Geschichte des Professors für Psychiatrie und Neurologie an der Universität Würzburg, des Leiters der medizinischen Abteilung der »Euthanasie«-Zentrale und Obergutachters der »Aktion T4«, Professor Dr. Werner Heyde. Als Delegationsführer hatte er die Selektion und die Massendeportation aus Bedburg-Hau im März 1940 – also auch deine Deportation in den Tod – zu verantworten. Nach dem Krieg wurde er per Haftbefehl gesucht und machte unter dem Namen Dr. med. Fritz Sawade von 1950 bis 1959 dennoch eine zweite Karriere als Gerichtsgutachter in Schleswig-Holstein. Er wurde von Ärzten und Juristen gedeckt, die über seine wahre Identität informiert waren, und viele andere, denen seine Doppelidentität ebenso bekannt war, unternahmen nichts. 1964 entzog er sich der Anklage, »heimtückisch, grausam und mit Überlegung mindestens 100 000 Menschen getötet zu haben«, durch Suizid.[19]

Eine Randnotiz der Geschichte: Hermann Schwenninger, Begleiter deines Todeszuges von Bedburg-Hau nach Grafeneck, erhielt aus der Berliner Zentrale den Auftrag, die »Aktion T4« filmisch zu dokumentieren, und sammelte vermutlich auch durch die Begleitung eures Transports praktische Erfahrungen, die ihm später unter anderem für die »Euthanasie«-Propagandafilme »Ich klage an« oder »Dasein ohne Leben« nützlich waren. Dabei schreckte er nicht davor zurück, die Vergasung durch ein Beobachtungsfenster zu filmen. Er sprach später davon, wie viel Überwindung es ihn gekostet habe, »den Anblick dieser entsetzlichen Gestalten zu ertragen, die mit Menschen nichts mehr gemein hatten, in jeder Beziehung weit unter jedem Tier standen«[20]. Es wird berichtet, dass er bis in sein hohes Alter ein »glühender Verfechter der Massentötungen«[21] an behinderten Menschen blieb. Juristisch wurde Hermann Schwenninger nie belangt.

Aber es sind nicht nur die »Großen«, die man laufen ließ. Karl Schluch, Transportbegleiter und »Pfleger« in Grafeneck, Hadamar sowie im Vernichtungslager Belzec, wurde zwar der Beihilfe zu mindestens 360 000-fachem Mord beschuldigt, doch sein Verfahren wurde Mitte der 1960er-Jahre wegen »Befehlsnotstand« eingestellt.[22] Schluch arbeitete nach 1945 völlig unbehelligt als Pfleger in der Klinik in Bedburg-Hau.

Eigentlich sollte man davon ausgehen, dass die im März 1940 erfolgte Massenverlegung von Patienten aus der Heil- und Pflegeanstalt Bedburg-Hau dort

Aufsehen und Nachfragen provoziert hätte. Aber wie überall blieb das Thema auch dort jahrzehntelang ein Tabu, »das im Nebel der Geschichte zu entschwinden drohte«[23]. Ja, es wurden sogar Legenden vom Widerstand der rheinischen Ärzte gestrickt, die erst in den 1990er-Jahren widerlegt werden konnten.

»Trostbrief« und Feldpostkarten

Liebe Anna, du bist 24 Jahre alt, als dein Leben in der unvorstellbaren Hölle von Grafeneck vernichtet wird. Erst viele Wochen nach deinem Tod erhält deine Mutter einen sogenannten »Trostbrief« aus der ihr unbekannten, beinahe 500 Kilometer entfernten Landes-Pflegeanstalt Grafeneck. Was sie nicht wissen kann, es handelt sich um einen vorgefertigten Schemabrief, der in einer eigens dazu eingerichteten Abteilung geschrieben wurde. Um die Angehörigen und die Öffentlichkeit nicht misstrauisch zu machen, werden die Verbrechen mit einer geradezu kriminellen Energie verschleiert, indem man Todesursache, Todeszeitpunkt und manchmal den Todesort fälscht.
Das Original des »Trostbriefs« an deine Mutter ist nicht mehr vorhanden. In ihrem Nachlass fand sich ein kleiner Zettel mit einer handschriftlichen Notiz: »Meiner lieben unvergesslichen Tochter Änne, gestorben 23.4.1940 (nachts 2 Uhr), Sterbeurkunde:

Bauchfellentzündung.« Nach der aus Grafeneck überlieferten Vorlage[24] müsste der Brief an sie in etwa so gelautet haben: »Sehr geehrte Frau Lehnkering! Zu unserem Bedauern müssen wir Ihnen mitteilen, dass Ihre Tochter Anna Lehnkering, die am 7. März auf ministerielle Anordnung gemäß Weisung des Reichsverteidigungskommissars in die hiesige Anstalt verlegt werden musste, unerwartet am 23. April 1940 infolge einer Bauchfellentzündung verstorben ist. Bei ihrer schweren unheilbaren Erkrankung bedeutet ihr Tod Erlösung für sie. Auf Anweisung der Ortspolizei musste aus seuchenpolizeilichen Erwägungen heraus die Verstorbene sofort eingeäschert werden. Wir bitten um Mitteilung, an welchen Friedhof wir die Übersendung der Urne mit den sterblichen Überresten der Heimgegangenen durch die Ortspolizeibehörde veranlassen sollen. Sollten wir nach Ablauf von 14 Tagen keine Mitteilung von Ihnen erhalten haben, so werden wir die Urne gebührenfrei anderweitig beisetzen lassen. (…)«

Nicht nur die Todesursache, auch dein Todesdatum ist mutmaßlich gefälscht. Mit größter Wahrscheinlichkeit wurdest du am Tag deiner Ankunft in Grafeneck, am 7. März 1940, umgebracht, denn laut Zeugenaussagen wurden die Kranken dort laufend bei ihrem Eintreffen getötet.[25] 317 Tote – allein an diesem einzigen Tag! Es hat den Anschein, dass deine Mutter die Urne mit deinen sterblichen Überresten nicht

angefordert hat. Meine diesbezüglichen Recherchen bei den Mülheimer Friedhofsämtern blieben erfolglos. So liegt die Vermutung nahe, dass du eine der vielen Toten bist, deren Asche in den anonymen Urnengräbern von Grafeneck begraben ist.
Der Zweite Weltkrieg bleibt dir erspart. Zwei Monate nach deinem Tod erfolgt der erste Bombenangriff auf deine Heimatstadt Sterkrade. Als man dich im März ermordet und deine Asche verscharrt, kämpft dein 19-jähriger Bruder Fritz als Soldat um sein eigenes Überleben. Feldpostkarten und Briefe zeugen von einem engen Kontakt zwischen ihm und der Familie. Ich finde es merkwürdig, nirgendwo in all den Briefen und Karten gibt es einen Hinweis auf dich. Was mag der Grund dafür gewesen sein? Im Mai 1940 – die Familie weiß seit wenigen Wochen von deinem Tod – schreibt einer deiner Brüder an meinen Vater: »Lieber Fritz, hoffentlich ist der Krieg bald beendet. Wir werden dann den großen Sieg feiern.« Durchhalteparole für den Bruder oder durch die nationalsozialistische Propaganda verblendete Wahrnehmung? Für mich klingt das auf jeden Fall befremdlich. Viele Mitteilungen auf den Karten sind banal und spiegeln den normalen Alltag wider. So steht auf einer Karte vom März 1942: »Lieber Fritz, Wir haben heute hier in Mülheim herrlichen Sonnenschein, der Frühling ist im Anzug.« Nur vereinzelt finden sich Hinweise auf den Krieg. So heißt es im Juni 1942: »Lieber Fritz, Wir haben bei

dem Fliegerangriff im Ruhrgebiet keinen Schaden gehabt. In Mülheim sind nur sehr viele Scheiben zertrümmert. Köln und Oberhausen sind betroffen. Hoffentlich geht es dir gut. Jetzt hat hier der Sommer eingesetzt, so dass im Garten alles gut voran geht. Herzliche Grüße deine Mutter.« Zwei Monate später spitzt sich die Lage zu und deine Mutter schreibt: »Hier sind wir in den letzten Tagen nicht nur in der Nacht, sondern bis zu 4mal am Tage durch Fliegeralarm in den Luftschutzraum geschickt worden. Oberhausen, Duisburg und Düsseldorf sind beschädigt.« Ein Jahr danach, im Juni 1943, sterben bei einem verheerenden Luftangriff auf Mülheim mehrere Hundert Menschen. Zahlreiche Gebäude liegen in Schutt und Asche und die tagelang anhaltenden Brände tun ihr Übriges, um die Infrastruktur der Stadt zu zerstören. Euer Wohnort Saarn kommt glimpflich davon, denn er liegt nicht im Bereich der Industrieanlagen, die das eigentliche Ziel der Bomber sind. Doch besonders im Ruhrgebiet als »Waffenschmiede des Dritten Reiches« wütet der Krieg auf grauenvolle Weise und bringt unermessliches Elend und Leid über die Zivilbevölkerung. Deine Mutter und deine Brüder überleben, aber die seelischen und auch körperlichen Verwundungen bleiben ihr ganzes Leben.

SCHWARZE LÖCHER IM FAMILIENGEDÄCHTNIS

Schweigen, Verdrängen und Erinnern

Liebe Anna, ein Satz geht mir nicht aus dem Kopf. Er lautet: »Das Vergessen der Vernichtung ist Teil der Vernichtung selbst«[1]. Daraus leite ich für mich bis heute die Verpflichtung ab, gegen das Vergessen und für die Erinnerung zu arbeiten. Als ich 2003 deinen Namen auf der Liste im Internet entdeckte und in der Familie nach dir fragte, musste ich schockiert feststellen: Niemand erinnerte sich daran, wo du zwischen 1936 und 1940 gelebt hast. Niemand erinnerte sich daran, dich jemals irgendwo besucht zu haben. Niemand erinnerte sich daran, wie und wo du gestorben bist und an welchem Ort dein Grab ist. Unbegreiflich! Bei meinem Versuch, dieses jahrzehntelange Schweigen, Verdrängen und Vergessen zu verstehen, bin auf mehrere Erklärungen gestoßen. Ein Grund ist sicher, dass man in der harten Nachkriegszeit enorme existenzielle Sorgen hatte. Auch meine Angehörigen brauchten all ihre Kraft und Energie für den Neubeginn. Sie gehörten zu den vielen, die einen Schlussstrich zogen, nach vorne und nicht zurück schauten. Vielleicht war

es für sie die einzige Möglichkeit, selbst einigermaßen im seelischen Gleichgewicht weiterzuleben.
Die komplette Tabuisierung der Themen »Zwangssterilisation« und »Euthanasie« in unserer Familie hat vermutlich unter anderem auch damit zu tun, dass Ideologie und Praxis der nationalsozialistischen Rassenhygiene als historische Erfahrung in der deutschen Gesellschaft insgesamt und natürlich in den betroffenen Familien Spuren hinterlassen haben. Die in weiten Teilen der Gesellschaft verankerte Akzeptanz eugenischer und rassenhygienischer Maßnahmen führte dazu, dass sich die Diskriminierung der Opfer und ihrer Familien nach 1945 fortsetzte. Das Stigma eines »Erbleidens« und die damit verbundene »Minderwertigkeit« löste in vielen Familien Scham aus und verhinderte jahrzehntelang eine aktive Auseinandersetzung mit der Vergangenheit. Zudem spielte wahrscheinlich für viele obrigkeitsgläubige Menschen eine Rolle, dass Justiz und Verwaltung die Ermordung der psychisch kranken und behinderten Menschen scheinbar legitimiert hatten. Auch wurde das Verschweigen der Verbrechen dadurch begünstigt, dass die Opfer als soziale Randgruppe gesehen wurden. Im Gegensatz dazu konnten die Täter, die meist zu Berufsgruppen mit hohem Sozialprestige gehörten, ihre Karrieren größtenteils unbehelligt fortsetzen. Zweifellos belastete die Stigmatisierung als Angehörige einer angeblich »erbminderwertigen

Sippe« unsere Familie sehr. Zumal sie – wie schon vor dem Krieg – bemüht war, die Fassade einer »wohlanständigen Bürgerlichkeit« zu wahren.

Annas Bruder Fritz

Liebe Anna, zu Beginn meiner Spurensuche war deine Mutter schon lange tot, darum war mein Vater der wichtigste Ansprechpartner für all meine drängenden Fragen. Es schien jedoch, als ob er die schlimmen Geschehnisse geradezu ausgeblendet hätte, geblieben waren überwiegend schöne Erinnerungen an eure Kindheit und Jugend in Sterkrade. In Bezug auf die Zeit ab Mitte der 1930er-Jahre gab es unfassbare »schwarze Löcher« in seinem Gedächtnis. Es fällt mir schwer, dieses Vergessen in Einklang zu bringen mit einem Foto aus dem für euch so glücklichen Sommer 1932.

Du sitzt auf der Wiese im elterlichen Garten und dein elfjähriger Bruder Fritz kniet hinter dir. Es rührt mich, wie liebevoll sein Blick auf dir ruht. Wie kann er dich später derartig aus dem Blick verlieren? Viele Jahrzehnte später erzählte er mir: »Anna war ein sehr liebes, sanftmütiges Mädchen. Sie hat so gerne mit uns Kindern gespielt. Eigentlich konnte man sich ganz ›normal‹ mit ihr unterhalten. Ja, sie ging zur Hilfsschule, weil ihr das Lernen schwerfiel. Das hat

21 Anna mit Freundin und Bruder Fritz, 1932

man ihr aber nicht angesehen. Sie war ganz unauffällig und harmlos.« Begriffe wie »Schwachsinn« oder gar »ererbter Schwachsinn« oder »geistig behindert« kamen in unseren Gesprächen nicht vor. Erst später berichtete er von den »erbbiologisch« motivierten Erkundigungen über die Familie und Bespitzelungen in der Sterkrader Nachbarschaft. Er sprach es nie aus, aber es ist für mich denkbar, dass es Zeiten gab, in denen er sich schämte, weil seine Schwester den Makel der Hilfsschülerin trug und Insassin einer »Irrenanstalt« war. Das Stigma der »erblichen Minderwertigkeit« hätte ja abfärben können.
Ich glaube, dass dein Bruder später schwer daran trug, dass er dir nicht geholfen, dass er dich nicht beschützt hat. Ich kann nur spekulieren, dass eine Mischung aus Schuld- und Schamgefühlen zu seinen auffallenden Gedächtnislücken geführt hat.
Als meine Spurensuche 2003 begann, war er 83 Jahre alt. Ein Leben, in dem Werte wie Disziplin, Pflichterfüllung, Ordnung und Gerechtigkeit beruflich und privat eine große Rolle spielten, neigte sich fast dem Ende zu. Einst ein strenger Vater für seine Kinder, war er inzwischen altersmilde und zeigte zunehmend sentimentale Seiten. Anfangs merkte ich gar nicht, wie viel Kraft es ihm abverlangte, meine Fragen zu beantworten und damit vielleicht seine Scham zu überwinden. Abwertung und Ausgrenzung psychisch Kranker und geistig behinderter Menschen und auch

ihrer Angehörigen gehörten zu seinen Lebenserfahrungen, die ihn womöglich stark geprägt haben. Als er mit deinem Krankenblatt aus Bedburg-Hau konfrontiert wurde, war dieses Dokument der Qual für ihn so unerträglich, dass er das Lesen immer wieder unterbrechen musste. Ich erkannte erst später, wie schmerzlich der Erinnerungsprozess für ihn war, und rechne ihm hoch an, dass er der Konfrontation mit der Vergangenheit nicht ausgewichen ist. Das ist nicht für alle Menschen selbstverständlich.

Annas Mutter

Liebe Anna, deine Mutter litt unter der verhängnisvollen Verkettung von Schweigen, Verdrängen und Vergessen ganz besonders. Anfang der 1950er-Jahre holte die Vergangenheit sie letztlich ein. Nach Suizidversuchen wurde sie 1954 Patientin in der Landesheilanstalt und Nervenklinik Düsseldorf-Grafenberg. Laut Akte erzählte sie, dass sie nachts nicht mehr schlafen könne und dass ihr das Sprechen schwerfalle. Sie sei oft traurig, ohne mit Tränen weinen zu können. Der Befund lautete: »Depression im Senium«. Es ist naheliegend, dass ihre traumatischen Erfahrungen viele Jahre später aufbrachen und Ursache für den Ausbruch ihrer Erkrankung waren. Es ist eine tragische Ironie des Schicksals, dass deine Mutter in dem

Krankenhaus auf ähnliche Verhältnisse traf wie du in Bedburg-Hau. Die Gebäude mit ihren Schlafsälen waren vergleichbar, es gab viel zu wenig Personal und therapeutische Angebote, wie wir sie heute kennen, fehlten völlig. Noch viele Jahre nach Kriegsende existierten unhaltbare Zustände in den deutschen psychiatrischen Kliniken, dies änderte sich erst mit der sogenannten Psychiatrie-Enquête 1975.
Meine Besuche bei meiner Großmutter in der Anstalt als Kind und Jugendliche haben Eindrücke hinterlassen, die ich in meinem ganzen Leben nicht vergessen werde. Dazu gehören die riesigen Schlafsäle mit den vielen Betten und vor allem die Trostlosigkeit, die aus dem Gesicht meiner Großmutter sprach. In ihrer Patientenakte ist an vielen Stellen zu lesen, wie furchtbar sie die Situation empfand: »Wie fühlen Sie sich jetzt?« »Ganz abscheulich. Was ich hier in den letzten Jahren mitgemacht habe, das kann ich gar nicht sagen. Das wünsche ich meinen schlimmsten Feinden nicht. Das ist die Hölle auf Erden, ich wünsche oft, ich wäre tot.« Sie lebte dort zwölf lange Jahre. Ich war jedes Mal erleichtert, wenn ich das Krankenhaus nach unseren bedrückenden Besuchen verlassen konnte.
Es ist eine makabre Fußnote der Geschichte, dass Professor Dr. Friedrich Panse die Anstalt Düsseldorf-Grafenberg leitete, während deine Mutter dort Patientin war. Panse, der als einer der Gutachter in der »Aktion T4« tätig war, berief sich in zwei

»Euthanasie«-Prozessen, die gegen ihn angestrengt wurden, auf einen »übergesetzlichen Notstand«. 1950 erfolgte sein Freispruch aufgrund »erwiesener Unschuld«.[2] Später wurde er Präsident und dann sogar Ehrenmitglied der wissenschaftlichen psychiatrischen Fachgesellschaft in Deutschland. Erst 2011 wurde dies zurückgenommen.
Als deine Mutter mit 78 Jahren starb, bedeutete der Tod für sie eine Erlösung. Nach dem Studium ihrer Patientenakte betrachte ich die kleine Notiz, die sie nach dem Erhalt des »Trostbriefes« aus Grafeneck geschrieben hat, mit anderen Augen: »Meiner lieben unvergesslichen Tochter Änne (...) Seid fröhlich in Hoffnung, geduldig in Trübsal, haltet aus im Gebet.« Ich bin davon überzeugt, dass sie dich trotz des gegenteiligen Anscheins niemals vergessen hat. Sie sprach nicht über dich, weil sie nur weiterleben konnte, indem sie ihre Trauer und ihren Schmerz tief in ihrem Inneren vergrub. Der Preis, den sie für das Schweigen zahlte, war sehr hoch.

Folgende Generationen

Liebe Anna, wie so oft ermöglichen mir alte Fotos einen Blick in die Vergangenheit. Ein Familienfoto aus dem Jahr 1947 zeigt meine Eltern, meine Großmutter, meine jüngere Schwester und mich. Dein

Bruder Fritz hat 1945 geheiratet und eine Familie gegründet, die du nicht mehr kennenlernen konntest. Du mochtest kleine Kinder ganz besonders. Wie sehr hättest du dich über deine kleinen Nichten und Neffen gefreut. Deine Mutter schaut auf dem Foto, das fünf Jahre nach deinem Tod entstand, ernst und verschlossen in die Kamera. Eigentlich wäre es naheliegend, dass sie das kleine Mädchen, das auf wackeligen Beinen direkt neben ihr steht, stützt. Aber sie berührt mich nicht einmal. Ihre ganze Haltung strahlt Einsamkeit aus. Ich erkenne darin ihre Unnahbarkeit wieder, an die ich mich aus Kindertagen erinnere. Der Arm deines Bruders liegt beschützend auf der Schulter seiner jungen Frau. Auch sein Blick ist ernsthaft. Umso mehr fällt das offene und warmherzige Lächeln meiner Mutter auf. Sie ist es, die Wärme und Nähe in unser Leben bringt und mit zahlreichen Geschichten über ihre Kindheit und Jugend in einem kleinen Dorf im Westerwald unsere Fantasie beflügelt. Im Gegensatz dazu bleiben die Kindheitserinnerungen deines Bruders an Sterkrade und Mülheim lange Zeit weitgehend im Dunkeln – und dies, obwohl wir, seine eigenen Kinder, in unmittelbarer Nähe aufwachsen. Erst kürzlich sind mir auf dem Foto Schatten aufgefallen, die zufälligerweise hinter deinem Bruder und deiner Mutter an die Wand geworfen werden. Man könnte sie als Metaphern deuten für die düstere Last, die auf den beiden liegt. Du fehlst auf dem Foto und dennoch

22 »Schatten der Vergangenheit«, Annas Mutter und ihr Bruder Fritz mit seiner Familie, 1947

bist du da. Wie sehr hat das Schweigen sie und damit uns alle belastet.
Ich wurde sechs Jahre nach deinem Tod geboren. Doch das erklärt nicht, warum ich bis zu der zufälligen Entdeckung deines Namens nie nach dir gefragt und beim Gemunkel über dein Schicksal »weggehört« habe. Eventuell war es die Atmosphäre von »diffusem Schweigen und dem Sich-nicht-trauen-zu-fragen«[3], die in so vielen Familien herrscht und mich als junger Mensch davor zurückscheuen ließ, meinen Vater nach unserem Familiengeheimnis, mich nach dir und deinem Schicksal zu erkundigen.

Seitdem ich 2003 zum ersten Mal schwarz auf weiß gelesen habe, welches Unrecht dir widerfahren ist, fühle ich mich dafür verantwortlich, an dich zu erinnern und das familiäre Schweigen zu beenden. Ich bin sehr froh, denn im Unterschied zu manch anderen betroffenen Familien stößt meine Erinnerungsarbeit in unserer Familie auf Interesse und Unterstützung. Natürlich hast du nicht für alle deine Angehörigen dieselbe Bedeutung und nicht jeder hat eine so enge Beziehung zu dir aufgebaut wie ich – zu unterschiedlich sind die einzelnen Menschen und ihre Lebensläufe. Doch ich kann dir versichern, dass du heute im Familiengedächtnis fest verankert bist. Dafür sprechen die folgenden Aussagen deiner Großnichten und Großneffen, also von jungen Menschen der dritten Generation:

- »Wenn ich an meine Familie denke, dann denke ich heute auch an Anna. Ich hätte sie gerne kennengelernt.«
- »Ich stelle mir vor, wie es gewesen wäre, wenn ich damals gelebt hätte – ob ich den Mut gehabt hätte zu sagen: Wo ist Anna? Wir müssen sie da rausholen!«
- »Ich finde das Maß an Verdrängung bei meinem Opa beängstigend. Wie grausam muss diese Zeit gewesen sein, dass man es schafft, seine Schwester fast vollständig aus dem Gedächtnis zu streichen. Es muss eine unsagbare Belastung für seine Seele

gewesen sein. Das Verdrängen war vielleicht eine Schutzreaktion. Das kann ich verstehen.«

- »Es ist unverständlich für mich, warum sich die Familie in der Nachkriegszeit nicht vehement für das Gedenken an Anna eingesetzt hat, warum sie nicht versucht hat, die Täter ausfindig zu machen, und alles darangesetzt hat, sie zur Verantwortung zu ziehen.«
- »Es ist ein Unterschied, die grausamen Geschichten über die Verbrechen der Nazis mit einem persönlichen Bezug zu betrachten.«
- »Annas Geschichte lässt mich dankbar sein für die Zeit, in der ich aufwachsen und leben darf, und erinnert mich daran, wie wichtig Toleranz und Nächstenliebe in unserer Gesellschaft sein sollten. Ich hoffe, dass dadurch dem ein oder anderen klar wird, wie wichtig es ist, dass wir respektvoll miteinander umgehen – mit jedem, so unterschiedlich wir auch sein mögen.«

Betroffene Familien

Liebe Anna, seit einigen Jahren rückt die Perspektive der Opfer und ihrer Angehörigen stärker in das öffentliche Blickfeld. Das hat vermutlich einerseits mit dem Generationenwechsel zu tun, der durch einen größeren zeitlichen Abstand zu den Geschehnissen einen unbefangeneren Umgang mit dem Thema ermöglicht. Andererseits halte ich dies auch für eine Folge der vielfältigen Möglichkeiten von vernetzter Information und Kommunikation, die das Internet bietet. Seitdem ich 2004 deine Lebensgeschichte im Internet[4] veröffentlicht habe, bekomme ich immer wieder Zuschriften – darunter eine große Anzahl von anderen betroffenen Angehörigen. Es spricht für eine Veränderung der Erinnerungskultur, dass sich immer mehr Menschen mit den Lebensgeschichten ihrer ermordeten Verwandten auseinandersetzen und ihre Familiengeschichten aufarbeiten. Nicht selten setzen sie sich damit gegen immer noch existierende Widerstände über die jahrzehntelange Tabuisierung des Themas in Gesellschaft und Familie hinweg.

Typisch dafür sind die folgenden Ausschnitte aus Briefen von Angehörigen, die mich in den letzten Jahren erreichten: »Auch ich habe erst im letzten Jahr erfahren, dass eine Tante, die nicht ganz richtig war, irgendwo verschollen ist. In der Familie wurde nie darüber gesprochen. Erst auf Nachfrage aufgrund einer alten Fotografie wurde gesagt, dass diese Tante aufgrund ihrer Behinderung abgeholt wurde, nichts Genaues weiß man. Wo kann ich mich über ihr Schicksal informieren?« Oder: »Wie Sie habe ich nur durch einen Zufall erfahren, dass die Schwester meiner Urgroßmutter im Rahmen von ›T4‹ ermordet wurde. Ich weiß von ihrem Schicksal erst seit ein paar

Tagen und fühle mich entsprechend aufgewühlt und deprimiert. Mein Vater hat seine Familie konsequent verschwiegen. In der inneren Auseinandersetzung mit ihm hatte ich das Gefühl, dass irgendetwas in seiner Familie nicht stimmte.« Oder: »Ich begebe mich derzeit auf Spurensuche, musste allerdings die Erfahrung machen, dass mein Ansinnen nicht bei allen Verwandten Anklang findet. Im Gegenteil. Von einer Cousine wurde ich geradezu beschimpft, dass ich dieses dunkle Kapitel unserer Familie in die Öffentlichkeit bringen will.«

Es ist offensichtlich, dass der Umgang mit »Euthanasie« und Zwangssterilisation in vielen betroffenen Familien stark geprägt ist von der Erfahrung, mit dem Makel der »erblichen Minderwertigkeit« zu leben. Die bis heute existierenden gesellschaftlichen Vorurteile gegenüber psychisch kranken Menschen werden von vielen Angehörigen nach wie vor als Stigmatisierung empfunden und nicht selten sind Unsicherheit, Scham und Schuldgefühle die Folge. Diesen Teufelskreis gilt es zu durchbrechen, denn Schweigen und Verdrängen machen krank. Wer, wenn nicht wir als Angehörige, könnte glaubwürdiger bezeugen, dass die Opfer keine anonyme Masse waren? Wer, wenn nicht wir, wäre besser geeignet, euch Gesicht und Namen und damit einen Teil eurer Würde zurückzugeben?

GEDENKEN AN ANNA

Erinnerung und Information

Liebe Anna, du hast inzwischen nicht nur einen festen Platz in unserem Familiengedächtnis, sondern es gibt auch öffentliche Zeichen der Erinnerung und des Gedenkens an dich. Den Anfang machte meine Internet-Gedenkseite für dich. Es war, als ob ich damit einen Stein ins Wasser geworfen hätte, der immer größere kreisförmige Wellen erzeugt. Die Resonanz zeigt mir, dass dein Schicksal inzwischen sehr viele Menschen berührt hat. Gleichzeitig trägt die Erinnerung an dich dazu bei, über die Geschichte zu informieren. Wie groß das Nichtwissen über die »Euthanasie«-Verbrechen ist, mögen die folgenden Zeilen eines wildfremden Schülers belegen: »Ich wohne in Geldern, Kreis Kleve, ca. 15 km von Bedburg-Hau entfernt und bin erschrocken, dass die ›Euthanasie‹ sogar bei mir hier in der Umgebung stattgefunden hat, ich bin auch sehr erschrocken, da ich dies erst seit Kurzem weiß. Ich habe mir die ganze Geschichte rund um Anna mal durchgelesen und bin erstaunt, wie dies damals ablief. Wahnsinn ist auch die Geschichte um den Gnadentod,

daran kann man doch wirklich sehen, wie ›pervers‹ Hitler seine Macht ausgeübt hat.«
Es ist mir wichtig, dass die Erinnerung an dich dazu beiträgt, dieses Nichtwissen abzubauen. So gab es bereits mehrmals Projekte in Schulen und auch einzelne Schülerinnen und Schüler haben Facharbeiten zum Thema der NS-»Euthanasie« geschrieben, die auf deiner Geschichte basieren.
Manchmal bin ich allerdings unsicher, ob es richtig ist, deine, unsere Geschichte so zu Markte zu tragen. Doch es sind solche und ähnliche Reaktionen, die mich bestärken, denn sie zeigen, dass dein Schicksal nicht nur die Herzen bewegt, sondern auch in den Köpfen der Menschen etwas auslöst. Stell dir vor, deine Lebensgeschichte hat sogar als exemplarisches Beispiel für den Umgang mit behinderten Menschen während des Nationalsozialismus Eingang in ein Geschichtsbuch[1] gefunden und meine Besuche in Berliner Schulen helfen dabei, jungen Menschen begreiflich zu machen, was passiert ist. Ich hoffe, dass es dir recht wäre.

Grafeneck und Bedburg-Hau heute

In Grafeneck wurde 1990, ein halbes Jahrhundert nach deiner Ermordung, eine Gedenkstätte eingerichtet und seit 2005 existiert dort ein Dokumentationszentrum.

Die Mitarbeiterinnen und Mitarbeiter haben es sich zur Aufgabe gemacht, an die Menschen, die 1940 in Grafeneck ihres Lebens, ihrer Würde und ihrer Identität beraubt wurden, zu erinnern. So haben sie in jahrelanger verdienstvoller und mühevoller Kleinarbeit in Archiven und Einrichtungen der Psychiatrie nach den Namen der vielen anonymen Opfer geforscht. Anfang 2004 schrieb mir Thomas Stöckle, der Leiter der Gedenkstätte: »Seit Anfang der 1990er-Jahre ist in Grafeneck ein Gedenkbuch mit den Namen der Opfer entstanden, das heute 8000 Namen enthält, jedoch sind die Namen aus Bedburg-Hau nicht darunter, da sich bis heute die Archive nicht in der Lage sahen, diese der Gedenkstätte Grafeneck zu übermitteln.« Wie konnte das sein – 64 Jahre nach den Verbrechen? Das hat mich empört. Was als rein private Suche nach biografischen Fakten über dich begonnen hatte, wurde spätestens nach diesen Informationen zur Aufgabe, daran mitzuwirken, die Namen aller Opfer aus Bedburg-Hau aufzuspüren. Bei diesem »Kampf gegen das Vergessen« bin ich anfangs auf unerwartete Schwierigkeiten, auf Mauern aus Gleichgültigkeit und Ignoranz gestoßen. Es ist offensichtlich, dass es in Teilen der Gesellschaft immer noch eine Tendenz des Totschweigens und der Vertuschung gibt. Einer der Gründe in Bedburg-Hau mag sein, dass die Klinik seit Anfang des letzten Jahrhunderts größter Arbeitgeber in der kleinen Gemeinde ist. Ärzte, Pflege- und anderes Personal arbeiten und leben dort mit ihren Familien teilweise schon seit mehreren Generationen, und man möchte ungern »das eigene Nest beschmutzen«.

So hat der ehemalige Bedburger Arzt Dr. Hermeler, dessen Buch 2002 ein wichtiger Anstoß für den längst überfälligen Erinnerungsprozess war, die Aufarbeitung der Vergangenheit in Bedburg-Hau einen Skandal genannt. »Es ist möglich, das Schicksal der Bedburger Patienten zu klären. (…) Es waren Menschen, die als Insassen einer klinischen Institution ermordet wurden. Ihr Verbleib und ihre Ermordung wurden bis heute nicht dokumentiert. (…) Das Gedenken der Opfer ist so wichtig wie die Kenntnis der Täter. Alle die Menschen, die während des Krieges in Bedburg-Hau starben oder in die Ermordung deportiert wurden, sind vergessen. Sie haben keine Gräber mehr, denn diese wurden beseitigt oder haben nie existiert. Dagegen existieren die Gräber der verantwortlichen Direktoren Dr. Trapet und Dr. Kleine noch immer auf dem Bedburger Anstaltsfriedhof. Das mögen sie auch. Aber im Vergleich mit der unbegrenzten Ruhestätte der Aktivisten der Morddeportationen ist es ein Skandal, dass von ihren Opfern nicht einmal ein Gedenkbuch mit den Namen und dem Schicksal existiert.«[2]

Wie so oft sind es einzelne Menschen, die sich gegen das Schweigen und Vergessen zur Wehr setzen. Ich habe in Bedburg-Hau engagierte Mitstreiter gefunden, die sich seit Jahren aktiv für ein würdiges Gedenken an die »Euthanasie«-Opfer einsetzen. Stellvertretend für andere möchte ich hier vor allem Heinz Oberbanscheidt nennen. Gemeinsam haben wir nicht lockergelassen. Unter anderem machten wir eine Eingabe beim Petitionsausschuss des Landes Nordrhein-Westfalen, in der wir die namentliche Identifizierung der Opfer von Bedburg-Hau forderten. 2006 kam die Mitteilung[3]: »Der Petitionsausschuss (…) sieht derzeit insbesondere aus datenschutzrechtlichen Gründen keine Möglichkeit, dem Anliegen (…), die Namen der damals getöteten 455 Patienten der Heil- und Pflegeanstalt Bedburg-Hau zu veröffentlichen, zu entsprechen.« Im Landesarchivgesetz sei »derzeit noch keine Rechtsgrundlage zur Datenübermittlung personenbezogenen Archivguts an Gedenkeinrichtungen gegeben«. Die datenschutzrechtlichen Bedenken beziehen sich darauf, dass auch für die ehemaligen Patientinnen und Patienten grundsätzlich die Bestimmungen des § 203 des Strafgesetzbuches zur ärztlichen Schweigepflicht gelten. Wie makaber – hier wird von ehemaligen Patienten und Patientinnen gesprochen, die ihren Ärzten einst zum Schutz anvertraut waren und die von eben diesen Ärzten ausgeliefert und ermordet wurden. Gleichzeitig erfolgte in dem amtlichen Bescheid an uns »die Rolle rückwärts«. Man versprach, »mit der Problematik behutsam umzugehen«,

und stellte in Aussicht, dass die Namen der Ermordeten aufgrund der in der Klinik vorhandenen Aufnahmebücher identifiziert werden.
Und tatsächlich – im Januar 2009 war es so weit: 69 Jahre nach deinem Tod wurde in der LVR-Klinik Bedburg-Hau im Rahmen einer Gedenkfeier ein Gedenkbuch vorgestellt, das auf einer Liste mit den Namen von 2832 ermordeten Patientinnen und Patienten basiert, darunter dein Name.
Es gab allerdings einen Wermutstropfen. Wieder waren Briefe, Petitionen und Gespräche nötig, um erneut vorgebrachte datenschutzrechtliche Bedenken auszuräumen, die der Weiterleitung der Namen von Bedburg-Hau nach Grafeneck angeblich im Wege standen. Bis eure Namen im Gedenkbuch von Grafeneck verzeichnet wurden, mussten noch einmal drei Jahre vergehen. Es war ein versöhnlicher Abschluss, denn die Ärztliche Leiterin der Klinik, Dr. Marie Brill, ließ es sich im März 2012 nicht nehmen, mit Vertretern der Klinikleitung und Peter Driessen, dem Bürgermeister der Gemeinde Bedburg-Hau, eure Namen persönlich nach Grafeneck zu bringen. Damit sind dort nun 9500 der insgesamt 10 654 Opfer namentlich im Gedenkbuch eingetragen, darunter die Namen aus Bedburg-Hau.
Es gibt weitere positive Zeichen. Die Künstlerin und Historikerin Ulrike Oeter hat eine emotional sehr berührende Installation der Erinnerung an dich

geschaffen, von der anfangs schon die Rede war. Sie nennt ihr Werk »Aenne's letzte Reise«. Änne – so wurdest du von manchen in der Familie genannt. Was vor einigen Jahren noch undenkbar gewesen wäre: Die Klinik in Bedburg-Hau hat diese Rauminstallation erworben und seit der Gedenkfeier 2009 sind dein Gesicht und dein Name stellvertretend für die anderen Opfer im Klinikmuseum zu sehen. Am Tag der feierlichen Übergabe sagte Dr. Brill: »Das Bild der jungen Frau, die so sanft lächelt, ließ mich nicht mehr los. Ich hoffe, dass dieses Bild alle Besucher unseres Museums zum Nachdenken über die Schicksale der Einzelnen der vielen Tausend Opfer bringt und vor allem die Gefühle der Besucher anspricht.«[4]

»Ännes letzte Reise«, das ist auch der Titel eines Theaterstückes, mit dem das Kinder- und Jugendtheater Mini-Art[5] in Bedburg-Hau an dich erinnert. So bist du nun auf verschiedene Art und Weise an den Ort deiner Qual und Entwürdigung zurückgekehrt. Doch diesmal ist es anders – du wirst dort geachtet und geehrt. Ich glaube, dass so viel freundliche Aufmerksamkeit dich etwas verlegen gemacht hätte, aber sie hätte dir vielleicht zugleich gefallen. Die Täter haben dein Leben ausgelöscht und beinahe hätten sie es geschafft, auch die Erinnerung an dich auszuradieren. Am Ende haben sie dieses Ziel nicht erreicht. Heute ist die Erinnerung an dich lebendig, nicht nur in Grafeneck und Bedburg-Hau.

Stolperstein in Mülheim an der Ruhr

Liebe Anna, ein großartiges Beispiel für die Aufarbeitung der Vergangenheit ist das Kunstprojekt Stolpersteine[6], das unter dem Motto »Ein Mensch ist erst vergessen, wenn sein Name vergessen ist« an die Opfer der NS-Zeit erinnert. Am 2. April 2009 wurde auf dem Gehweg vor deinem letzten Wohnhaus in der Düsseldorfer Straße 38 im Mülheimer Vorort Saarn ein Stolperstein für dich verlegt. In die goldglänzende Messingplatte ist eingraviert: »Hier wohnte Anna Lehnkering, Jg. 1915, eingewiesen 1940, ermordet 1940 in ›Heilanstalt‹ Grafeneck«.

Als sich an jenem Tag einige »I-Dötzchen«[7] mit Tornistern auf dem Rücken näherten, war der Bürgersteig von den Umstehenden blockiert. Ein kurzes Zögern, dann bahnte sich eines der Kinder den Weg durch die Ansammlung und forderte die anderen auf, es ihm gleichzutun. Da kam von einem der Steppkes der Zuruf: »Siehste nicht, da is doch ’ne Beerdigung!« Das Kind konnte nicht ahnen, wie nah dieser Satz der Wahrheit kam. Nicht nur für mich war die Stolpersteinverlegung ein bewegender, geradezu feierlicher Moment, der in seiner Symbolkraft einer Beerdigung gleichkam. Möglicherweise wurde dieses Empfinden dadurch verstärkt, dass es nie ein Grab für dich gegeben hat, um zu trauern. An diesem Tag fühlte ich mich dir so nah wie nie zuvor. Dein Bruder war

23 Stolperstein für Anna in Mülheim an der Ruhr

inzwischen fast 89 Jahre alt. Ich spürte seine Aufregung, als er sich, ganz blass vor Anspannung und sehr um eine aufrechte Haltung bemüht, in seinem Wohnort Mülheim der öffentlichen Aufmerksamkeit stellte. Am Tag der Stolpersteinverlegung bekannte er erstmalig: »Ich hatte eine Schwester, die geistig behindert war.« Als wir später alleine waren, sagte er zu mir: »Danke für alles, was du für Anna getan hast« – Worte, die mir sehr viel bedeuten. Er starb nur wenige Wochen danach und ich hoffe, dass die Aufarbeitung der Vergangenheit für ihn nicht nur belastend, sondern ein Stück weit befreiend war.

Auf nur 230 Meter Länge erinnern inzwischen alleine auf der Düsseldorfer Straße sieben Stolpersteine an Menschen, die einst Nachbarn waren und dann spurlos verschwanden.[8] Die einzelnen Steine mögen unscheinbar wirken, aber zusammen mit den Tausenden von Stolpersteinen überall in Deutschland und Europa setzen sie ein unübersehbares Signal gegen Ausgrenzung und Gewalt und für Menschlichkeit und Toleranz. Ich wünsche mir, dass viele Menschen über eure Steine »stolpern«, einen Moment innehalten, an euch denken und nie wieder wegsehen werden, wenn Menschen in der Nachbarschaft Unrecht geschieht. Kurze Zeit nach der Steinverlegung schrieb mir ein Nachbar aus Saarn: »Ich kann Dir versichern, der Stein blinkt im Sonnenlicht. Denn auf dem Weg heute früh zur Dorfkirche kam ich an ihm vorbei und sah ihn von der Sonne beschienen dort leuchten.« Liebe Anna, ich bin sicher, das hätte dich sehr froh gestimmt.

Unterstützung bei der Spurensuche

Liebe Anna, die Erinnerungsarbeit für dich hat mein Leben in vielerlei Hinsicht verändert und bereichert. Ob in Grafeneck, Bedburg-Hau, Berlin, im Ruhrgebiet oder im virtuellen Raum des Internets, in den letzten Jahren lernte ich viele beeindruckende Menschen kennen. Ohne dich hätte es diese Begegnungen nie gegeben.

Im Verlauf meiner Spurensuche ergaben sich überdies zahlreiche Kontakte mit Archiven, verschiedenen Institutionen und Verwaltungen. Nicht immer verhielten sie sich kooperativ. Mal bekam ich keine oder nur eine sehr späte Antwort auf meine Anfrage, mal wurden neben der ärztlichen Schweigepflicht das postmortale Persönlichkeitsrecht, konservatorische Gründe, zum Beispiel die Durchnässung der Akten, oder andere Hinderungsgründe für einen ablehnenden Bescheid bemüht. Die Datenschutzvorschriften sind außerdem von Bundesland zu Bundesland unterschiedlich, was die Angelegenheit zusätzlich verkomplizierte. Doch trotz einiger sehr negativer Erfahrungen war die Mehrzahl der Menschen, die ich um Auskunft und Informationen gebeten hatte, überaus entgegenkommend. Unter dem Strich zeigen meine Erfahrungen, dass es entscheidend von den einzelnen Mitarbeitern abhängt, inwieweit der vorgegebene rechtliche Rahmen ausgeschöpft wird.

Manchmal hat es sich als hilfreich erwiesen, bei Schwierigkeiten »ganz oben« nachzuhaken. So bin ich dankbar für die unbürokratische Unterstützung der Ministerpräsidentin von Nordrhein-Westfalen, der gebürtigen Mülheimerin Hannelore Kraft, sowie der Mülheimer Oberbürgermeisterin Dagmar Mühlenfeld und ihres Oberhausener Amtskollegen Klaus Wehling.

Um die Mauern des Schweigens einzureißen und die Vergangenheit nachhaltig aufzuarbeiten, braucht man Personen in verantwortlichen Positionen, sei es in der Politik, in den Medien, Institutionen und anderswo. Doch ich habe bei meiner Spurensuche und Erinnerungsarbeit auch erfahren, welch große Bedeutung bürgerschaftlichem Engagement zukommt, und nicht selten sind es einzelne Menschen, die es vorantreiben. Vor allem dank des Internets war es mir möglich, mich mit vielen Menschen zu vernetzen, und vielleicht können wir auch zukünftig gemeinsam zum Wahrheitsgehalt des folgenden Sprichworts beitragen: »Viele kleine Leute, an vielen kleinen Orten, die viele kleine Dinge tun, werden das Antlitz dieser Welt verändern.«

GESELLSCHAFTLICHE AUFARBEITUNG NACH 1945

Die Frage der Verantwortung

Liebe Anna, man kann davon ausgehen, dass die Patientenmorde trotz der versuchten Geheimhaltung bereits während des Krieges in groben Umrissen bekannt wurden, »dass die Masse der Bevölkerung genug wusste, um nicht mehr wissen zu wollen«.[1] Das Schweigen in den Familien nach 1945, so wie es auch in unserer Familie herrschte, ist Spiegel eines kollektiven Verdrängungsprozesses in der deutschen Gesellschaft insgesamt. Es ist und bleibt völlig unverständlich für mich: hunderttausendfacher, geplanter, organisierter Massenmord an kranken und behinderten Menschen, ausgeführt von denjenigen, die sie schützen, heilen und pflegen sollten. Wie konnte man das so lange verschweigen? Wie konnte man sich aus der Verantwortung dafür stehlen? Politik, Verwaltung, Justiz, Kirche, Verbände und viele andere beteiligte Institutionen – auf allen gesellschaftlichen Ebenen hat man sich gegen das Aufarbeiten der Vergangenheit und die Übernahme von Verantwortung gesperrt.

Im Zusammenhang mit der Verfolgung von Menschen während des Nationalsozialismus hört man ab und zu den Satz: Es gibt keine Opfer erster und zweiter Klasse. Die Wirklichkeit sah lange anders aus. Die Opfer von Zwangssterilisation und »Euthanasie« wurden nach Kriegsende jahrzehntelang in beiden deutschen Staaten weiterhin ausgegrenzt. Niemand interessierte sich für ihre soziale Lage, für ihre physischen und psychischen Verletzungen und die ihrer Familien. Das Thema war weitgehend aus dem öffentlichen Gedächtnis verschwunden.

Auch das deutsche Parlament hat historische Schuld auf sich geladen, indem es den Opfern von »Euthanasie« und Zwangssterilisation Anerkennung und Entschädigung verweigerte. Bis heute sind sie den anderen NS-Verfolgten nicht gleichgestellt und gelten nicht als rassisch Verfolgte. Es ist unglaublich, 1961 berief man den Psychiater und »T4«-Gutachter Werner Villinger tatsächlich als Gutachter in den Wiedergutmachungsausschuss. Er wendete sich vehement gegen eine finanzielle Entschädigung der Opfer und verunglimpfte ihre Forderung als »Entschädigungsneurose«. Später erhielt der Täter Werner Villinger sogar noch das Große Bundesverdienstkreuz!

Zwar gibt es mehr als sieben Jahrzehnte nach Beginn der Krankenmorde immer noch Defizite in Bezug auf die deutsche Erinnerungskultur, ich habe allerdings den Eindruck, dass sich daran seit einigen Jahren etwas ändert. An immer mehr Orten findet feierliches Gedenken statt, und die Information nimmt nicht zuletzt aufgrund des Internets zu. Erst kürzlich wurde ein umfangreicher virtueller Gedenk- und Informationsort zur NS-»Euthanasie« gestartet.[2] So erreicht das historische Wissen die Menschen im weltweiten Netz und regt zum Austausch darüber an.

Der Prozess der Erinnerung muss jedoch mehr beinhalten als Trauer und Gedenken. Die NS-Medizinverbrechen – verübt im Namen einer angeblichen Wissenschaft, von der Mehrheit der Bevölkerung geduldet, von vielen unterstützt – zeigen, was passieren kann, wenn man Menschen zu bloßen Objekten medizinischer Möglichkeiten herabwürdigt und letztendlich nur nach ihrem »Wert« oder »Unwert« bemisst. Der Blick auf die Vergangenheit, auf deine Geschichte, liebe Anna, macht erschreckend deutlich, wie Menschen zu Opfern, Tätern oder Zuschauern eines monströsen Verbrechens wurden und wie groß das Ausmaß von Verschweigen und Verdrängen danach war.

Die Verbrechen waren Ausdruck einer bis zum Letzten getriebenen Radikalisierung und Pervertierung weitverbreiteter Einstellungen und Haltungen gegenüber den »Andersartigen«. Dahinter stand ein mit Nützlichkeitsdenken verbundenes rassistisches Menschenbild. Wer glaubt, dass Rassismus heute keine Rolle mehr spielt, der irrt. Menschenfeindlichkeit nach nationalsozialistischem Muster ist nach wie vor aktuell. Forscher der Universität Bielefeld haben über Jahre Recherchen über »gruppenbezogene Menschenfeindlichkeit« in unserer Gesellschaft durchgeführt.[3] Danach existiert in vielen deutschen Köpfen offenbar ein Gedankenwust aus Rassismus, Fremdenfeindlichkeit, Antisemitismus, Islamfeindlichkeit, Abwertung von Homosexuellen, Obdachlosen und Behinderten. Dahinter verbergen sich Denkweisen, die auf Vorurteilen beruhen und vor allem mit Nichtwissen einhergehen. Die Wissenschaftler erhielten unter anderem hohe Zustimmungswerte für folgende Aussagen: »Menschen, die wenig nützlich sind, kann sich keine Gesellschaft leisten. (…) Moralisches Verhalten ist ein Luxus, den wir uns nicht mehr erlauben können.«[4] Wohin die Beurteilung von Menschen nach Nützlichkeit und Effizienz gepaart mit moralischer Verrohung führt, hat uns die Geschichte gezeigt. Darum ist es wichtig, die bis heute latent vorhandenen Mechanismen und Denkmuster zu erkennen, die den Umgang mit Abweichung und Behinderung bestimmen. Auch wir werden heute mit einer Propaganda beeinflusst, die zwar nicht mehr so plump daherkommt wie zur NS-Zeit, aber doch unterschwellig die Botschaft des perfekten Menschen verbreitet. Die Medien überfluten uns tagtäglich mit Menschenbildern, in denen der schöne, starke, gesunde, junge Mensch zählt. Und je leistungsorientierter die Gesellschaft ist, umso größer ist die Gefahr, dass sogenannte Randgruppen – chronisch Kranke, Behinderte, alte Menschen oder Arbeitslose – nur noch als wirtschaftliche Belastung angesehen und aus der Gesellschaft ausgegrenzt werden. Es kommt hinzu, dass die enormen medizinischen Fortschritte und die damit verbundenen bioethischen Debatten die Definition allgemein verbindlicher, ethischer und rechtlicher Normen nötig machen. Da ist es nicht immer einfach, eindeutig Position zu beziehen, zwischen Gut und Böse, zwischen Segen und Fluch der modernen wissenschaftlichen Errungenschaften zu unterscheiden. Der Blick auf die Vergangenheit könnte uns hier Maß und Orientierung geben, mehr noch, das Wissen um das Vergangene kann uns helfen, die Gefahr der Wiederholung wirksam zu bekämpfen.

Deine Lebensgeschichte, liebe Anna, zeigt, wie wichtig es ist, genau hinzusehen, hinzuhören und menschenverachtenden Einstellungen, die einzelne Menschen oder Gruppen diskriminieren und von der Teilhabe an unserer Gesellschaft ausgrenzen, von Anfang an entschieden entgegenzutreten. Denn Respekt vor dem Leben in jeder Form, in all seiner Verschiedenheit und Unvollkommenheit, die Wertschätzung von Individualität und Vielfalt der Menschen sind eine Grundvoraussetzung für eine humane, demokratische Gesellschaft, die die Würde und das Lebensrecht jedes einzelnen Menschen schützt.

Psychiatrie nach 1945

Liebe Anna, Medizin im Nationalsozialismus zählt zu den dunkelsten Kapiteln der Geschichte des Faches. Ärzte und die Vertreter ihrer Verbände haben in dieser Zeit ihren ärztlichen Auftrag, die ihnen anvertrauten Menschen zu heilen und zu pflegen, vielfach aus politischen Gründen missachtet und eigenständig umgedeutet. Neben Psychiatern waren Kinderärzte, Frauenärzte, Urologen, Chirurgen, Genetiker, Neurologen und Neuropathologen, Pflegekräfte und viele andere Helfer an diesem System der Verfolgung und Tötung ganz aktiv beteiligt. Nur wenige haben Widerstand geleistet.

Insbesondere die Psychiatrie war verführbar und hat verführt, hat geheilt und vernichtet. Sie hat sich nicht mehr dem einzelnen Menschen verpflichtet gefühlt, sondern hat im Namen eines angeblichen Fortschritts, den man in der Befreiung einer ganzen Gesellschaft von Fürsorgelasten sah, in der Verbesserung der Erbanlagen eines Volkes und schließlich in der »Erlösung der Menschheit vom Elend« massenhaft Menschen misshandelt und getötet – und unliebsame Psychiaterinnen und Psychiater aus ihren Ämtern gedrängt. Kinder wurden getötet, Kranke ließ man absichtlich verhungern, an psychiatrischen Patienten wurden Versuche durchgeführt, bevor sie ermordet und ihre Gehirne untersucht wurden. Und nach dem Krieg

geschah, was auch in vielen anderen Bereichen in Deutschland geschah: Es wurde verdrängt und sich nicht zu dem bekannt, was geschehen ist.
Zugleich wurden frühe Versuche der Aufklärung verhindert und erschwert. Viele Ärzte protestierten, weil sie um ihre Standesehre besorgt waren, als Alexander Mitscherlich und Fred Mielke 1947 ihre Dokumentation »Das Diktat der Menschenverachtung« zum Nürnberger Ärzteprozess veröffentlichten. Eine zweite Dokumentation von 1949, »Wissenschaft ohne Menschlichkeit«, wurde totgeschwiegen. Professor Gerhard Schmidt, ehemaliger Direktor der Nervenklinik Lübeck, hielt schon am 20. November 1945 einen Rundfunkvortrag über die Verbrechen an psychisch Kranken und geistig Behinderten, aber sein Buchmanuskript darüber fand trotz vieler Versuche 20 Jahre lang keinen Verleger. Weil es so wichtig ist, hat es die wissenschaftliche Fachgesellschaft der Psychiater, die Deutsche Gesellschaft für Psychiatrie, Psychotherapie und Nervenheilkunde (DGPPN), gerade neu herausgegeben.[5] Psychiater des Nachkriegsdeutschlands fürchteten, dem Wiederaufbau und dem guten Ruf ihres Berufsstandes mit der Veröffentlichung der Einzelheiten der Verbrechen einen schlechten Dienst zu erweisen. Eine falsche, eine fatale Sichtweise. Ein Versagen der wissenschaftlichen Gemeinschaft, sich zu der eigenen Verantwortung zu bekennen.

Liebe Anna, erst allmählich und unter großen Schwierigkeiten begann Ende der 1980er-Jahre die Aufarbeitung dieser Zeit innerhalb der Psychiatrie. Rund 70 Jahre nach den Gräueltaten ist die DGPPN ihre aus der Vergangenheit erwachsene Verantwortung endlich systematisch angegangen. Besonders seit 2009 läuft innerhalb der Gesellschaft ein intensiver Diskussionsprozess, wie mit der eigenen Geschichte umgegangen werden soll. Zu Beginn dieses Prozesses wurde die Satzung der DGPPN ergänzt, wo es nun im ersten Paragrafen heißt: »Die DGPPN ist sich ihrer besonderen Verantwortung um die Würde und Rechte der psychisch Kranken bewusst, die ihr aus der Beteiligung ihrer Vorläuferorganisationen an den Verbrechen des Nationalsozialismus, an massenhaften Krankenmorden und Zwangssterilisationen erwachsen.« Zudem wurde eine internationale Kommission zur Aufarbeitung der Geschichte der Vorläufergesellschaften in der Zeit des Nationalsozialismus eingerichtet, die Forschungsaufträge vergibt.[6] Sie ist mit vier namhaften Medizin- und Wissenschaftshistorikern besetzt, die den Psychiatern von heute helfen, ihre eigene Geschichte zu verstehen. Es gibt aber noch viele weitere Zeichen des guten Willens. So hat die DGPPN inzwischen eine Spendenaktion unter ihren Mitgliedern und unter der deutschen Ärzteschaft initiiert.[7] Unter anderem ist geplant, eine Wanderausstellung zu schaffen, die über die Entstehungsgeschichte der nationalsozialistischen »Euthanasie«-Aktionen, ihre Einbettung in eine rassenhygienisch aufgeladene Gesundheits- und Bevölkerungspolitik sowie über die unzureichende juristische und gesellschaftliche Aufarbeitung der Verbrechen aufklärt. Dem Aufruf der DGPPN haben sich inzwischen zahlreiche ärztliche Organisationen angeschlossen, so auch die Standesvertretung aller deutschen Ärzte, die Bundesärztekammer.

Gedenkveranstaltung der DGPPN 2010

Liebe Anna, für mich persönlich war die Gedenkveranstaltung der DGPPN im Herbst 2010 eines der eindrucksvollsten Erlebnisse im Verlauf meiner Erinnerungsarbeit. Der Jahreskongress in Berlin war der Erinnerung an die Opfer und der Verantwortung der psychiatrischen Fachgesellschaft gewidmet. In der zentralen Gedenkveranstaltung unter dem Titel »Psychiatrie im Nationalsozialismus: Erinnerung und Verantwortung« gedachten etwa 3000 Psychiaterinnen und Psychiater der Opfer erzwungener Emigration, nicht zu rechtfertigender Forschung, der Zwangssterilisierung und der Ermordung psychisch kranker Menschen.[8]

24 Schweigeminute während der Gedenkveranstaltung der DGPPN 2010; Prof. Schneider nach seiner Rede

Der Psychiater Frank Schneider, damaliger Präsident der DGPPN, benannte im Namen der deutschen Psychiatrie erstmals offiziell die Verantwortung der Täter. Seine Worte haben mich sehr berührt: »Im Namen der Deutschen Gesellschaft für Psychiatrie, Psychotherapie und Nervenheilkunde bitte ich Sie, die Opfer und deren Angehörige, um Verzeihung für das Leid und das Unrecht, das Ihnen in der Zeit des Nationalsozialismus im Namen der deutschen Psychiatrie und von deutschen Psychiaterinnen und Psychiatern

25 Sigrid Falkenstein spricht über Anna auf dem Kongress 2010

angetan wurde, und für das viel zu lange Schweigen, Verharmlosen und Verdrängen der deutschen Psychiatrie in der Zeit danach.« Frank Schneider und mit ihm der ganze Vorstand und damit die Fachgesellschaft beendeten so geschlossen die Sprachlosigkeit der deutschen Psychiatrie und erinnerten daran:

»Psychiater haben in der Zeit des Nationalsozialismus Menschen verachtet, die ihnen anvertrauten Patientinnen und Patienten in ihrem Vertrauen getäuscht und belogen, die Angehörigen hingehalten, Patienten zwangssterilisieren und töten lassen und auch selber getötet. An Patienten wurde nicht zu rechtfertigende Forschung betrieben, Forschung, die Patienten schädigte oder gar tötete.« Die Psychiater von heute bekundeten mit diesem Eingeständnis den »Willen, die Opfer anzuerkennen und an ihrer Seite zu stehen, sich zu der eigenen Vergangenheit zu bekennen und aus der Vergangenheit zu lernen«[9].
Stell dir vor, man hatte mich eingeladen, zu diesem Anlass als deine Angehörige über dich zu reden. Du kannst dir denken, wie aufgeregt ich war, als ich vor den mehreren Tausend Menschen im größten Saal des Berliner Kongresszentrums stand. Doch während ich deine Geschichte erzählte, war es mucksmäuschenstill und es war beinahe so, als ob du anwesend wärest. An diesem Tag wurde aus meiner Sicht ein sehr spätes, aber darum nicht weniger wichtiges Zeichen gesetzt. Die Nachfolgeorganisation der Täter würdigte zum ersten Mal die Opfer und erwies ihnen und ihren Familien damit im Nachhinein Respekt und Ehre, die ihnen so lange verweigert wurden. Ich habe die Gedenkveranstaltung als einen »historischen Meilenstein«[10] empfunden. Die Zukunft wird zeigen, ob dieser Tag tatsächlich historisch zu nennen ist.

Nationaler Erinnerungsort in Berlin: Tiergartenstraße 4

Liebe Anna, wer hätte gedacht, welche Bedeutung die Tiergartenstraße in Berlin einmal für deine und meine Lebensgeschichte haben würde. Nachdem ich 1971 als junge Lehrerin aus dem Ruhrgebiet nach Berlin gezogen war, bekam ich meine erste Anstellung im Bezirk Tiergarten. Selbstverständlich kannte ich die nahegelegene Philharmonie an der Tiergartenstraße. Ich hatte allerdings keine Ahnung, dass dieses Haus der Hochkultur auf dem Boden der Unkultur erbaut worden war, dass sich der Grundriss des weltbekannten Konzerthauses vom Vorplatz bis ins Foyer hinein mit dem der abgerissenen »T4«-Villa überlagert.[11] Ich wusste nicht, dass sich in den Räumen dieser Villa ab 1940 die geheime Zentraldienststelle der Nationalsozialisten befand, wo die Massentötung psychisch kranker und behinderter Menschen geplant und organisiert wurde, und dass dieser Erfassungs- und Planungsapparat nach dem sogenannten Stopp der »Aktion T4« im August 1941 sogar bis Kriegsende weiterlief. Der Begriff »Aktion T4«, geschweige denn seine Verbindung zur Adresse Tiergartenstraße 4, war mir unbekannt. Kurzum: Mein Wissen über die NS-»Euthanasie« war wie das vieler Menschen lange Zeit eher dürftig.

Von dem Gedenkort für die Opfer der NS-»Euthanasie« an der Philharmonie erfuhr ich 2006 eher zufällig im Zuge meiner Spurensuche nach dir. Natürlich wollte ich diesen Ort sehen. Doch als ich ihn suchte, stand ich zunächst ziemlich ratlos auf dem Vorplatz der Philharmonie, der bis heute eher einer öden, überdimensionierten Bushaltestelle gleicht. Zunächst fiel mir nur die nachträglich den »Euthanasie«-Opfern gewidmete Skulptur von Richard Serra[12] ins Auge, die ich ja kannte, aber immer für Kunst am Bau gehalten hatte. Erst ein einzelner, vertrockneter Kranz führte mich zu der ebenerdig in den Boden eingelassenen Gedenkplatte. Sie ist leicht zu übersehen und nicht selten beschmutzt und war mir bei keinem meiner vorherigen Besuche in der Philharmonie aufgefallen. Ich muss zu meiner Schande gestehen, dass das bürgerschaftliche Engagement[13] in den 1980er-Jahren, dem dieses Erinnerungszeichen zu verdanken ist, an mir vorbeigegangen war. Und das, obwohl ich schon so viele Jahre in Berlin lebe. Trotz oder gerade wegen dieses unscheinbaren Erinnerungszeichens wirkte der Platz auf mich wie ein weiteres Symbol für das jahrzehntelange Schweigen und Vergessen, für das Desinteresse, die gesellschaftliche und politische Ignoranz im Umgang mit den Opfern.

Empört über den Anblick dieses unangemessenen Gedenkortes, richtete ich 2007 eine Petition an den Deutschen Bundestag. Ich habe mich auf dich berufen und an die Abgeordneten appelliert, sich für die Umgestaltung des historischen Ortes Tiergartenstraße 4 zu einem nationalen Ort des Gedenkens und der Dokumentation einzusetzen und so endlich das 1999 anlässlich des Beschlusses über die Errichtung des Denkmals für die ermordeten Juden Europas gegebene Versprechen einzulösen, »der anderen Opfer des Nationalsozialismus würdig zu gedenken«.[14]

Runder Tisch bei der Stiftung Topographie des Terrors

Liebe Anna, als einzelner Mensch hätte ich ohne zahlreiche und starke Verbündete nicht viel erreicht. Es war Professor Nachama von der Stiftung Topographie des Terrors, der mein Schreiben – aber auch den Unmut vieler anderer Menschen – zum Anlass nahm, mit mir gemeinsam einen Runden Tisch zu gründen.[15] Dieser Runde Tisch trifft sich seit 2007 unter Mitarbeit der Stiftung Denkmal für die ermordeten Juden Europas und ist ein Zusammenschluss von engagierten Einzelpersonen, Vertretern von Betroffenenverbänden, Politik, Berliner Verwaltungen, Gedenkstätten und vielen mehr. Uns alle einte von Anfang an der Gedanke, dass der »Euthanasie«-Gedenkort in seinem jetzigen Erscheinungsbild nicht seiner historischen Bedeutung entspricht.

26 Informationstafel und Denkmal des Grauen Busses vor der Berliner Philharmonie, 2008

Darum haben wir uns zur Aufgabe gemacht, die öffentliche Aufmerksamkeit auf den Ort der ehemaligen »T4«-Zentrale an der Berliner Philharmonie zu lenken und die Diskussion um eine angemessene Neugestaltung voranzutreiben.
Seit unserem ersten Treffen am Runden Tisch ist einiges geschehen. Heute gibt es zum Beispiel eine Informationstafel unweit der Gedenkplatte, die auf die geplante Neugestaltung des Ortes hinweist. Mit der temporären Aufstellung des »Denkmals der Grauen Busse«[16] setzte unsere Initiative 2008 ein deutlich sichtbares Zeichen des Erinnerns. Der »Denkmal-Bus« ist inzwischen längst »weitergefahren« und hält die Erinnerung europaweit in Bewegung. In Berlin

aber hat er eine Lücke hinterlassen, die noch zu füllen ist. Die Aussichten dafür sind heute besser denn je.

Beschluss des Deutschen Bundestages 2011

Liebe Anna, ich bin so optimistisch, weil sich der Deutsche Bundestag im November 2011 – 72 Jahre nach Hitlers »Euthanasie«-Erlass – dazu bekannt hat, dass die Erinnerung an die »Euthanasie«-Morde am historischen Ort Tiergartenstraße 4 »eine Aufgabe von nationaler Bedeutung und gesamtstaatlicher Verantwortung«[17] sei. »Ziel sollte es sein, das bestehende Denkmal und den Gedenkort so aufzuwerten, dass dem Anliegen, am Ort der Täter über die Dimension des Verbrechens und seine Opfer zu informieren, entsprochen werden kann.«[18]

Ich finde den Bundestagsbeschluss ermutigend und enttäuschend zugleich. Er betont ausdrücklich die Bedeutung der Information und das ist mehr, als noch vor einigen Jahren zu erwarten war. Zweifellos kann dieser zentrale Ort in der Mitte der deutschen Hauptstadt die bestehenden Gedenkstätten nicht ersetzen, soll er auch nicht. Im Antrag des Bundestages heißt es dazu ganz richtig: »Dieses aufklärerische Erinnerungszeichen sollte in Bezug zu den bereits entstandenen Gedenkorten und -projekten in Berlin und Deutschland stehen, auf diese verweisen und so helfen, die Dimensionen des Unrechts durch das NS-Terrorregime in ihrer Gesamtheit zu erfassen.«[19]

Doch der Bundestagsbeschluss hat einen bitteren Beigeschmack: Ich bin enttäuscht, weil das von vielen Menschen geforderte Dokumentationszentrum mit der vom Bund bereitgestellten vergleichsweise geringen Summe nicht realisiert werden kann. Eine bloße »Aufwertung des Denkmals«[20] würde aus meiner Sicht zu kurz greifen und wäre das falsche Signal. Ich hätte mir einen Ort der Aufklärung und des Lernens gewünscht, der unter anderem Bezug nimmt auf die Situation von Menschen, die aufgrund von Behinderungen noch heute Diskriminierungen ausgesetzt sind, und wo eine gesellschaftliche Auseinandersetzung mit den »Euthanasie«-Verbrechen und deren Bedeutung für die heutigen politischen und bioethischen Debatten stattfinden könnte. Nicht zuletzt sollte ein solcher Ort dabei helfen, die immer noch bestehenden Wissens- und Forschungslücken zu füllen. All das wird der zukünftige Erinnerungsort in der Tiergartenstraße nach jetzigem Stand nur ansatzweise leisten können. Aber das soll meine Mitstreiter und mich nicht daran hindern, in den nächsten Jahren an der Verwirklichung dieses Ziels – in der Tiergartenstraße oder in der Nähe – zu arbeiten.

Das Land Berlin schreibt 2012 einen Wettbewerb zur Umgestaltung des »T4«-Areals aus, in den Betroffene und Verbände – auch der Runde Tisch – eingebunden sind. Vor uns liegen nun die entscheidenden Prozesse der inhaltlichen Gestaltung des zukünftigen Erinnerungsortes. Ich bin gespannt, wie die Umsetzung gelingen wird, und hoffe sehr, dass in der Tiergartenstraße mehr entstehen wird als ein Denkmal für Sonntagsreden und Kranzniederlegungen. Vielleicht kann dieser Ort zukünftig wenigstens einen kleinen Beitrag leisten zur Gestaltung einer solidarischen Gesellschaft, die niemanden ausgrenzt und Individualität und Vielfalt der Menschen wertschätzt. Eine bessere Form des Gedenkens an die Opfer kann ich mir kaum vorstellen. In diesem Sinne werde ich mich weiter dafür einsetzen, dass die Erinnerung an dich, liebe Anna, lebendig bleibt. Ich werde dich niemals vergessen!

Deine Sigrid

NACHWORT

Liebe Anna, Leid und Unrecht, schon gar nicht der Tod, können ungeschehen gemacht werden. Aber wir können lernen – und wir haben viel gelernt, die Gesellschaft ebenso wie die gesamte Medizin. Wir können gemeinsam für eine humane, am einzelnen Menschen orientierte Medizin und Politik eintreten und gegen die Stigmatisierung und Ausgrenzung psychisch kranker und behinderter Menschen kämpfen, im steten Gedenken an die Opfer.

Auch heute wird aus der Gesellschaft ausgegrenzt. Wir müssen erreichen und täglich daran arbeiten, dass gerade schwache, oft am Rand der Gesellschaft stehende Menschen in die Mitte zurückgeholt werden, dass sie gleichberechtigt und selbstbestimmt leben können. Das ist ihr Recht. An der Umsetzung dieses Rechtes müssen sich alle, besonders die Stärkeren, die Gesunden in unserer Gesellschaft beteiligen. Das ist unsere Pflicht, kein Akt der Fürsorge oder der Gnade. Und manchmal sollten wir vielleicht daran denken, dass wir selbst und unsere Angehörigen von einem Tag auf den anderen auch zu den Schwachen, den Kranken zählen können.

Wir haben gelernt, gerade aus dem Versagen heraus. Wir alle sollen keine Werturteile über Menschen fällen, weder im privaten, noch im beruflichen Bereich.
Die unantastbare Menschenwürde ist immer die Würde des einzelnen Menschen und kein Gesetz und kein Forschungsziel dürfen uns dazu anleiten, diese zu missachten. So sind die aktuellen medizinethischen Debatten, beispielsweise zur Präimplantationsdiagnostik oder zur Sterbehilfe, bei denen es nur zu schnell um den »Wert« oder »Unwert« von Menschen geht, eine beständige Herausforderung. Das gilt genauso in den Diskussionen um den Status von Arbeitslosen, Migranten oder von alten Menschen, zum Beispiel Demenzkranken. Wir werden aufmerksam bleiben und uns immer wieder einbringen. Das versprechen wir dir.

Sigrid Falkenstein und Frank Schneider
Berlin und Aachen im Frühsommer 2012

ANHANG

Anmerkungen

Vorwort

1 Heute: LVR-Klinik Bedburg-Hau.
2 Ulrike Oeter in einem Brief an Sigrid Falkenstein.
3 Vgl. dazu http://de.wikipedia.org/wiki/Dorothea_Buck, Zugriff: 07.03.2012.

Beginn der Spurensuche

1 Namensliste von Opfern der »Aktion T4« im Internet http://www.iaapa.org.il/46024/Claims, Zugriff: 07.03.2012.
2 Die »Aktion T4« wurde nach der Tiergartenstraße 4 in Berlin benannt, d. h. nach der Adresse der Zentraldienststelle, wo die Euthanasie geplant und organisiert wurde. Vgl. dazu Götz Aly, Aktion T4, 1939–1945. Die »Euthanasie«-Zentrale in der Tiergartenstraße 4, Berlin 1989, S. 11 ff.
3 Patientenakte meiner Tante Anna Lehnkering, Prov. Heil- und Pflegeanstalt Bedburg-Hau, 1936–1940 (Bundesarchiv Berlin R 179/3368).
4 Patientenakte meiner Tante Anna Lehnkering, Rheinische Provinzial-Kinderanstalt für seelisch Abnorme, Archiv des LVR, 52023 Erbbiologisches Institut.

Dunkle Vorboten

[1] Vgl. dazu http://www.innenhafen-portal.de/standort/html/historie3.html, Zugriff: 07.03.2012.

[2] Heinz Reif, Die verspätete Stadt. Industrialisierung, städtischer Raum und Politik in Oberhausen 1846–1929 (= Schriften des LVR Rheinisches Industriemuseum; 7), Köln 1993, S. 280.

[3] Patientenakte meiner Großmutter Anna (Änne) Lehnkering, Landesheilanstalt und Nervenklinik Düsseldorf-Grafenberg, Krankenblattarchiv.

[4] Vgl. Alfred Lindemann, Oberhausen im Spiegel der Zeitgeschichte, Eigenverlag Oberhausen 2006, S. 65.

[5] Patientenakte, Bonn.

[6] Ebd.

[7] Patientenakte, Bedburg-Hau.

[8] Patientenakte, Düsseldorf.

[9] Ebd.

[10] Patientenakte, Bonn.

[11] Lindemann, Oberhausen, S. 70.

[12] Sieglind Ellger-Rüttgardt, Der Hilfsschullehrer. Sozialgeschichte einer Lehrergruppe (1880–1933), Weinheim 1980, S. 223 f.

[13] Vgl. Brigitte Hofmann-Mildebrath, Zwangssterilisation an (ehemaligen) Hilfsschülerinnen und Hilfsschülern im Nationalsozialismus. Regionalgeschichtliche Studie im Raum Krefeld, Dortmund 2005, S. 150.

[14] Vgl. Ellger-Rüttgardt, Hilfsschullehrer, S. 302.

[15] Inklusion ist das Leitbild der seit 2009 in Deutschland geltenden »UN-Konvention über die Rechte von Menschen mit Behinderung«.

[16] Ellger-Rüttgardt, Der Verband, S. 54, zitiert nach Hofmann-Mildebrath, Zwangssterilisation, S. 149.

[17] Mädchenheim der Diakonissen-Anstalt Kaiserswerth.

[18] Der jüdische Psychiater Otto Löwenstein muss 1933 kurz nach der Machtübertragung an die Nationalsozialisten ins Ausland fliehen.

[19] Vgl. Simone Rauthe, Scharfe Gegner – die Disziplinierung kirchlicher Mitarbeiter durch das Evangelische Konsistorium der Rheinprovinz und seine Finanzabteilung von 1933–1945, Bonn 2003, S. 380 f.

[20] Vgl. Alfred Lindemann, Sterkrader Kalender, Oberhausen 2004.

[21] Vgl. Wilhelm Schwindt, Trinkerheilstätten und Suchtarbeit in der Senne, in: Matthias Benad/Hans-Walter Schmuhl (Hrsg.), Bethel – Eckardtsheim. Von der Gründung der ersten deutschen Arbeiterkolonie bis zur Auflösung als Teilanstalt (1882–2001), Stuttgart 2006, S. 300–316, hier: S. 308.

Der Wahn der Rassenhygiene

[1] Chronik Ruhrgebiet, 2. Aufl., Gütersloh/München 1997, S. 395.

[2] Vgl. Michael Zimmermann, Gegen den Nationalsozialismus. Widerstand von Sozialdemokraten und Gewerkschaftern in Oberhausen, Essen 1982, S. 13.

[3] Vgl. Lindemann, Oberhausen, S. 74.

[4] Ebd.

[5] http://www.bundesarchiv.de/gedenkbuch/directory.html.de, Zugriff: 07.03.2012.

[6] Vgl. Henry Friedlander, Der Weg zum NS-Genozid. Von der Euthanasie zur Endlösung, Berlin 1997, S. 242 ff.

[7] Vgl. Lindemann, Oberhausen, S. 74 f.

[8] Kurt-Ingo Flessau, Schule der Diktatur. Lehrpläne und Schulbücher des Nationalsozialismus, München 1977, S. 201.

9 Richtlinien zur Rassenkunde, in: Zentralblatt für die gesamte Unterrichtsverwaltung in Preußen, Berlin 1935.

10 RGBl. 1933 I, S. 529–531, Zitat: S. 529. Abgedruckt in: Franz-Werner Kersting/Hans-Walter Schmuhl (Hrsg.), Quellen zur Geschichte der Anstaltspsychiatrie in Westfalen, Bd. 2: 1914–1955, Paderborn u. a. 2004, S. 444–448.

11 Johannes Vossen, Erfassen, Ermitteln, Untersuchen, Beurteilen, in: Margret Hamm (Hrsg.), Lebensunwert zerstörte Leben, Zwangssterilisation und »Euthanasie«, Frankfurt 2005, S. 87.

12 Vgl. Monika von Alemann-Schwartz, … dem Menschen verpflichtet. Die Geschichte der Stiftung Evangelisches Kranken- und Versorgungshaus zu Mülheim an der Ruhr 1850–2000, Mülheim/Ruhr 2000, S. 282.

13 Wilhelm Lohoff, Erbhygienische Untersuchungen an Hilfsschulkindern in den Städten Oberhausen (Rhld.) und Mülheim an der Ruhr, Medizinische Diss. Münster 1936 (= Archiv für Rassen- und Gesellschaftsbiologie, Bd. 30, 1936, Heft 1).

14 Ebd., S. 42.

15 Ebd., S. 45.

16 Ebd., S. 58.

17 Ebd., S. 62.

18 Alemann-Schwartz, Menschen, S. 281 f.

19 Ebd., S. 282.

20 Vossen, Erfassen, S. 95.

21 Aus dem Beschluss zur Unfruchtbarmachung, Aktenzeichen 6c L XIII 634/34, Amtsgericht Duisburg

22 http://sundoc.bibliothek.uni-halle.de/diss-online/04/04H085/t7.pdf, Zugriff: 16.03.2012.

23 Vgl. Volker van der Locht, Zwangssterilisation und Euthanasie in Essen (= Beiträge zur Geschichte von Stadt und Stift Essen; 123), Essen 2010, S. 180.

[24] Ebd., S. 242.
[25] Alemann-Schwartz, Menschen, S. 320.

Heil- und Pflegeanstalt Bedburg-Hau

[1] Patientenakte, Bedburg-Hau.
[2] Ernst Klee, »Euthanasie« im Dritten Reich. Die »Vernichtung lebensunwerten Lebens«, Frankfurt 2010, S. 68 ff.
[3] Ebd., S. 140.
[4] Vgl. Ludwig Hermeler, Die »Euthanasie« und die späte Unschuld der Psychiater. Bedburg-Hau und das Geheimnis rheinischer Widerstandslegenden, Essen 2002, S. 15.
[5] Karl Binding/Alfred Hoche, Die Freigabe der Vernichtung lebensunwerten Lebens. Ihr Maß und ihre Form, Leipzig 1920, S. 31.
[6] Ernst Klee (Hrsg.), Dokumente zur »Euthanasie«, Frankfurt 2007, S. 85.
[7] Vgl. Thomas Stöckle, Grafeneck 1940. Die Euthanasie-Verbrechen in Südwestdeutschland, Tübingen 2002, S. 40 ff. Vgl. http://grafeneck.finalnet.de, Zugriff: 07.03.2012.

Tod in Grafeneck

[1] Vgl. Hermeler, »Euthanasie«, S. 61 f.
[2] Abteilung der Zentraldienststelle in der Berliner Tiergartenstraße 4.
[3] Vgl. Klee, »Euthanasie« im Dritten Reich, S. 632.
[4] Vgl. Hermeler, »Euthanasie«, S. 62 f.
[5] Ebd., S. 60 f.
[6] Ernst Klee, »Euthanasie« im NS-Staat. Die »Vernichtung lebensunwerten Lebens«, Frankfurt 2004, S. 139 ff.

[7] Gekrat = Gemeinnützige Kranken-Transportgesellschaft, Tarnname für die Unterabteilung der Zentraldienststelle T4, welche für den Transport in die »Euthanasie«-Anstalten verantwortlich war.

[8] Vgl. Klee, »Euthanasie« im Dritten Reich, S. 140.

[9] Vgl. Hermeler, »Euthanasie«, S. 64.

[10] Klee, »Euthanasie« im Dritten Reich, S. 140.

[11] Zitiert nach den Angaben des Württembergischen Psychiatriemuseums, http://www.wuerttembergisches-psychiatriemuseum.de/index.php?section=zwiefalten&page=1940, Zugriff 03.04.2012.

[12] Vgl. Klee, »Euthanasie« im Dritten Reich, S. 141.

[13] Zitiert nach den Angaben der Gedenkstätte Grafeneck, http://www.gedenkstaette-grafeneck.de/356.htm, Zugriff: 07.03.2012.

[14] Friedlander, Weg, S. 476.

[15] Thomas Stöckle/Eberhard Zacher/Alfred Hagemann/Stefanie Esders, »Euthanasie« im NS-Staat: Grafeneck im Jahr 1940, in: Landeszentrale für politische Bildung Baden-Württemberg (Hrsg.), Historische Darstellung, Didaktische Impulse, Materialien für den Unterricht, Stuttgart 2000, S. 19.

[16] Vgl. Klee, »Euthanasie« im Dritten Reich, S. 141.

[17] Ebd., S. 153.

[18] Vgl. Ernst Klee, Was sie taten, was sie wurden. Ärzte, Juristen und andere Beteiligte am Kranken- oder Judenmord, Frankfurt 1986, S. 98 ff.

[19] Ebd., S. 19 ff.

[20] Ebd., S. 83 ff.

[21] Karl-Heinz Roth, »Ich klage an«. Aus der Entstehungsgeschichte eines Propaganda-Films, in: Aly (Hrsg.), Aktion T4, S. 93–116.

[22] Vgl. Klee, »Euthanasie« im Dritten Reich, S. 588.

[23] Hermeler, »Euthanasie«, S. 68.

[24] Vgl. Klee, »Euthanasie« im Dritten Reich, S. 148.

[25] Ebd., S. 141.

Schwarze Löcher im Familiengedächtnis

[1] Petra Fuchs/Maike Rotzoll/Ulrich Müller/Paul Richter/Gerrit Hohendorf (Hrsg.), »Das Vergessen der Vernichtung ist Teil der Vernichtung selbst«. Lebensgeschichten von Opfern der nationalsozialistischen »Euthanasie«, Göttingen 2007.

[2] Internetseite des LVR-Klinikums Düsseldorf, Geschichte von 1945 bis 1955, Euthanasieprozesse in Düsseldorf, http://www.rk-duesseldorf.lvr.de/behandlungsangebote/geschichte/1945-1955.htm, Zugriff: 07.03.2012.

[3] Aus der Rede von Daniela Martin, Angehörige eines Opfers der NS-»Euthanasie«, 09.11.2011, Topographie des Terrors, Berlin.

[4] Vgl. dazu http://www.euthanasie-gedenken.de, Zugriff: 07.03.2012, oder http://www.sigrid-falkenstein.de, Zugriff: 07.03.2012.

Gedenken an Anna

[1] Zeiten und Menschen, Geschichtswerk für das Gymnasium (G8) in Nordrhein-Westfalen, Schöningh, Braunschweig 2009.

[2] Hermeler, »Euthanasie«, S. 21.

[3] Pet.-Nr. 14-P-2006-Q2719-00 Stellungnahme MAGS/26.06.2006.

[4] Aus der Rede von Dr. Marie Brill, 27.01.2009.

[5] Vgl. dazu Kinder- und Jugendtheater Mini-Art, http://www.mini-art.de, Zugriff: 07.03.2012.

[6] Vgl. dazu http://www.stolpersteine.com, Zugriff: 07.03.2012.
[7] I-Dötzchen = Schulanfänger.
[8] Vgl. dazu http://www.muelheim-ruhr.de/cms/stolpersteine_in_der_duesseldorfer_strasse.html, Zugriff: 07.03.2012.

Gesellschaftliche Aufarbeitung nach 1945

[1] Hans-Walter Schmuhl, Die Patientenmorde, in: Ebbinghaus u. Dörner (Hrsg.), Vernichten und Heilen. Der Nürnberger Ärzteprozess und seine Folgen, Berlin 2002, S. 309.
[2] Vgl. dazu http://gedenkort-t4.eu, Zugriff: 07.03.2012.
[3] Vgl. dazu http://de.wikipedia.org/wiki/Gruppenbezogene_Menschenfeindlichkeit, Zugriff: 07.03.2012.
[4] Wilhelm Heitmeyer (Hrsg.), Deutsche Zustände, Folge 6, Frankfurt 2007.
Vgl. dazu http://zeus.zeit.de/bilder/2007/51/deutschland/heitmeyer-pu/heitmeyer-pu-1200.gif, Zugriff: 07.03.2012.
[5] Gerhard Schmidt, Selektion in der Heilanstalt 1939–1945. Neuausgabe mit ergänzenden Texten, hrsg. v. Frank Schneider, Berlin 2012.
[6] Vgl. dazu http://www.dgppn.de/dgppn/geschichte/kommission-zur-aufarbeitung-der-geschichte.html, Zugriff: 07.03.2012.
[7] Vgl. dazu http://www.dgppn.de/spendenaufruf, Zugriff: 07.03.2012.
[8] Frank Schneider (Hrsg.), Psychiatrie im Nationalsozialismus, Gedenken und Verantwortung/Psychiatry in National Socialism, Remembrance and Responsibility, Berlin 2011.
[9] Ebd., S. 3 ff.
[10] Aus der Rede von Sigrid Falkenstein, in: ebd., S. 51 ff.
[11] Stefanie Endlich, Erinnerung im Stadtraum, auf http://gedenkort-t4.eu/gegenwart/erinnerungsformen-t4, Zugriff: 07.03.2012.

[12] Die Skulptur »Berlin Junction« von Richard Serra steht seit 1988 auf dem Vorplatz der Philharmonie in Berlin.

[13] Vgl. Aly, Aktion T4.

[14] Deutscher Bundestag, Drucksache 14/1238, 23.06.1999, http://dipbt.bundestag.de/dip21/btd/14/012/1401238.pdf, Zugriff: 07.03.2012.

[15] Vgl. http://www.euthanasie-gedenken.de/runder_tisch.htm, Zugriff: 07.03.2012.

[16] Vgl. dazu http://www.dasdenkmaldergrauenbusse.de/, Zugriff: 07.03.2012.

[17] Beschlussempfehlung und Bericht des Ausschusses für Kultur und Medien (22. Ausschuss), Drucksache 17/7596, 7.11.2011, S. 1.

[18] Deutscher Bundestag, Drucksache 14/1238, 23.06.1999, S. 3, http://dipbt.bundestag.de/dip21/btd/14/012/1401238.pdf, Zugriff: 07.03.2012.

[19] Ebd.

[20] Deutscher Bundestag, Drucksache 14/1238, 23.06.1999, S. 3, http://dipbt.bundestag.de/dip21/btd/14/012/1401238.pdf, Zugriff: 07.03.2012.

Ausgewählte Literatur

Angelika Ebbinghaus/Klaus Dörner (Hrsg.), Vernichten und Heilen. Der Nürnberger Ärzteprozess und seine Folgen, Berlin 2002

Henry Friedlander, Der Weg zum NS-Genozid. Von der Euthanasie zur Endlösung, Berlin 1997

Petra Fuchs/Maike Rotzoll/Ulrich Müller/Paul Richter/Gerrit Hohendorf (Hrsg.), »Das Vergessen der Vernichtung ist Teil der Vernichtung selbst«. Lebensgeschichten von Opfern der nationalsozialistischen »Euthanasie«, Göttingen 2007

Margret Hamm (Hrsg.), Lebensunwert zerstörte Leben, Zwangssterilisation und »Euthanasie«, Frankfurt 2005

Robert Jütte/Wolfgang U. Eckart/Hans-Walter Schmuhl/Winfried Süß (Hrsg.), Medizin und Nationalsozialismus. Bilanz und Perspektiven der Forschung, Wallstein 2011

Ernst Klee, »Euthanasie« im Dritten Reich. Die »Vernichtung lebensunwerten Lebens«, Frankfurt 2010

Maike Rotzoll/Gerrit Hohendorf/Petra Fuchs u. a. (Hrsg.), Die nationalsozialistische »Euthanasie«-Aktion »T4« und ihre Opfer. Geschichte und ethische Konsequenzen für die Gegenwart, Paderborn 2010

Gerhard Schmidt, Selektion in der Heilanstalt 1939–1945. Neuausgabe mit ergänzenden Texten, hrsg. v. Frank Schneider, Berlin 2012

Frank Schneider (Hrsg.), Psychiatrie im Nationalsozialismus, Gedenken und Verantwortung/Psychiatry in National Socialism, Remembrance and Responsibility, Berlin 2011